僕たちが見つけた道標《みちしるべ》

福島の高校生とボランティア大学生の物語

兵藤智佳

晶文社

装　丁／古屋貴広
イラスト／西田真魚

僕たちが見つけた道標《みちしるべ》

福島の高校生とボランティア大学生の物語

目次

プロローグ　009

1部　福島の高校生に起きたこと

「自分たちの校舎にはもう戻れない」
――東日本大震災と原発事故　017

「それでも勉強がしたい」
――大学生ボランティアの合宿準備　037

「誰かに応援されている自分がいる」
――2011年 勉強合宿　061

「自分には一緒に頑張る仲間がいる」
――2012年 勉強合宿　084

2部　大学生が向き合ったこと

たかひろ〈就活問題〉に取り組む　109
「仕事を通じて社会にどう役に立ちたいのか」

ゆうひ〈権力問題〉に取り組む　131
「見えない権力に風穴をあけたい」

ゆうこ〈格差問題〉に取り組む　152
「東北のひずみを伝える役割がある」

まあや〈被曝問題〉に取り組む　172
「世界がつながって自分の中に降りてきた」

エピローグ　196

あとがき　204

プロローグ

福島の女子高生からの手紙

ここに一通の福島からの手紙がある。

大学生のみなさんへ、

私の夢はがん専門の看護師
これから放射線の影響で福島にはがん患者さんが増えるかもしれない
そんなとき私も内部ひばくした一人として
同じ気持ちでわかることがあるような気がして
福島県浪江町で生まれ育った私にしかできないことをみつけられたような気がします。

差出人は、福島の女子高生、ぺいちゃん。
あて先は、東京の大学生だ。

彼女は高校3年生。福島県浪江町の出身で福島第一原発のすぐそばにある双葉高校に通っていた。そして、2011年3月、福島第一原発は爆発した。事故のために彼女は自宅を離れ、学校に通えなくなった。その彼女は2011年8月の夏休み、私たちの企画した勉強合宿に参加した。勉強を教えるのは、大学生たち。そこで彼女が大学生に話したのは、原発事故があって辛かったことや悲しかったこと、少しうれしかったこと。うまく言葉にならない思いも一生懸命に伝えようとした。話しているうちに涙もいっぱい出た。でも、彼女は将来の夢を持ってこれからも頑張りたい、だから苦手な勉強も自分なりに頑張ってみたいと言っていた。
そんな時間を過ごしたあとに彼女は、福島から大学生にこの手紙を書いた。

福島を語ることのためらい、複雑さ

震災以来、私は大学の教員として講義や講座などで何度も福島を取り上げてきた。福島で起きていることは、自分のライフワークでもある「社会的少数者の声が聞こえる社会」にとって重要な課題だからだ。個人の力ではどうにもならない力によって弱い立場に置かれる人々がいる。そのことを伝えたい、やれることを模索するのは私の仕事だと感じていた。私自身、広島や長崎の原爆を経験した日本に住む一人として、水俣を経験した経済大国の一員として、私たちはいったい何を学んできたのかという自責の念も感じていた。

一方で、大学の講義に行くと、学生たちは「普通」に席に座っている。原発関連のシンポジウムに行っても大学生の姿はあまり見かけない。渋谷の脱原発に関連するデモに行っても大学生は、ほとんどいない。彼らはデモではなくGAPのセールにたくさんいた。就職活動の話はしても福島が話題にのぼることもあまりないらしい。

私は、はじめはこうした目の前の大学生たちのあまりの「無関心さ」にいらだっていた。なぜここまでひとごとなのか、なぜ何もしないのかと憤りを感じていた。しかし、大学にいると東北震災支援活動に出かける学生が何千人といる。泥かきボランティアなど、大変な状況にいる人たちのために身体を張って自分ができることをしたいという意識もとても高い。しかし、彼らは原発事故については積極的に何かをしようとしない。

そうした中でわかってきたのは大学生の中にある福島を語ることのタブーである。

多くの大学生たちには、福島の原発事故は自分のこととして考えるべきだという意識がある。

しかし、そのように原発問題を自分のこととして引きつけるならば、毎日、朝シャワーを浴びて携帯電話の電力を使う自分のライフスタイルの否定へとつながっていく。

また、将来子どもを産むだろう自分が福島産の食べ物を購入するかという問題となる。どこかで「それとこれとは別だろう」という感覚もあるのだけれど、自分の行動が福島の人々を傷つけるのではないかというためらいがある。

脱原発を正義の問題として声高に語ることはおそらく可能だ。しかし、自分の日常を棚に上げて政治的なメッセージを主張することへの違和感や抵抗感もある。こうして突き詰めていけば問題がどんどん複雑になる。もちろん本質は複雑だ。しかし、多くの大学生たちはどう考えたらいいのかよくわからない。だから、ある地点で考え続けるのをあきらめる。ただ、将来このままではだめだという意識はある。

さらには、目に見えないから実感としてよくわからない放射能という問題がある。被曝した人たちへの差別はいけないと感じる自分がいる。でも、やっぱり放射能はなんとなく怖くて近づきたくない。差別はだめだとまっすぐに言う自分への偽善の感覚もいやだ。だから、おかしいと感じていてもそれを正面からは語りたくない。

おそらく、このような複雑に交じり合ったいくつかの意識が、福島の事故を語ることへの見えないタブーをつくりだしている。多くの大学生たちはけして無関心なわけではない。問題がデリケートだったり、簡単じゃないことがわかるからこそ一歩引いているのだと思う。

高校生と大学生の紡いだ物語

こうした大学生たちに日々接する中で、私は、是非論や問題の解決を求めるのではない方法で福島のことを語りたいと思ってきた。このネット時代に、起きていることを知ろうとするならば多くの数値やデータにアクセスするのは簡単だ。多くの専門家の意見も聞ける。しかし、そうした情報や知識だけでは自分のこととして福島で起きていることを感じることは難しい。なかなか自分の言葉では問題を語れない。

だからこそ、私は、本書で福島の高校生たちと彼らをボランティアとして支えようとした大学生たちの物語を描こうと思う。福島の高校生、ぺいちゃんはどうして大学生に手紙を書いたのか。そこにはいったい何があったのか。彼女の手紙を受け取った大学生たちは何を思い、何をしようとしたのか。

1部は、ボランティア活動を通じて私たちが出会った福島の高校生たちのリアルな声を伝えることから始めたい。彼らは原発事故で避難生活を強いられた当事者たちだ。彼らの姿は福島の現実のほんの一部にすぎず、断片的でしかない出来事かもしれない。それでも高校生が伝えてくれたのは福島のリアリティだ。私たちの社会ではあまりよく聞こえていない声である。

2部は、このような高校生を支えた大学生たちの姿を描く。彼らが福島を語るタブーに挑戦することは簡単ではない。やり方のマニュアルなどないし、自分たちで考え続けるしかない。正しい答えもない。

だから失敗しても、かっこ悪くても、それでも大学生たちは力を尽くす。自らも傷つき、苦しみ、悩む。同時に、寄り添い、共有し、分かち合う。出会った高校生たちが大切な存在になったから。福島の高校生に起きていることが自分の問題だからだ。

私は、そんな等身大の高校生と大学生たちが紡いだ物語が、この社会について考えたり、行動したいと感じている人たちへの力となることを願いたい。今、現実を前に自分はどう生きたらいいのかについて悩み、戸惑う多くの若者たちの背中を少しでも押すことを期待したい。私にとっては、今、起きていることが、苦しみの物語だけではなく、未来への物語だと感じるからだ。

1部　福島の高校生に起きたこと

「自分たちの校舎にはもう戻れない」

——東日本大震災と原発事故

双葉高校とは

南から北へ連なる阿武隈高地と奥羽山脈によって隔てられている福島県。地理的には太平洋側から通称、浜通り・中通り・会津の3つの地域に分けられる。スキー場でも有名な山側の会津は寒さが厳しく雪深い。

一方で、海側の浜通りは気温も高く比較的穏やかな気候である。福島県立双葉高等学校はその中でも最も海に近い浜通りに位置する地元の進学校だ。校舎はJR常磐線双葉駅からは歩いて10分ほどの場所にある。緑豊かな校舎の佇まいに中庭の大きな梅の木が存在感を放つ。学校の校章は緑の双葉。まさに新緑の春に芽吹く草木のイメージだ。

双葉高校は歴史的には1923年（大正12年）創設の旧制双葉中学校が前身であり、1948年の学制改革により現在の名称となった。全日制の男女共学校で学科は普通科のみ。生徒のほとんどが進学する。

２０１０年時の全校生徒数は４６９名。生徒たちの多くが近隣の市町村にある自宅から通っている。保護者には農業、漁業などの一次産業の従事者がいる。また、地域として東京電力の社員や関連企業の社員など原発関連で生計を立てている保護者や卒業生も多い。原発は長い間、地域経済を支える柱となってきた。

卒業後の進路としては毎年20名程度が国立大学、１００名程度が私立大学へ進んでいた。学風は文武両道がモットー。特に部活動が盛んで野球部は過去に3度甲子園に出場している名門である。女子柔道も全国大会に出場しており、男女ともスポーツは学校の自慢だ。近年は陸上プロ選手として活躍した部員も輩出している。校舎に隣接する2階建てプレハブづくりの部室はそうしたスポーツ少年少女たちの活動拠点となっている。

スポーツ以外では実業界で活躍した人物や国会議員となった卒業生もおり、福島県では人材育成に大きな役割を担ってきた高校だ。

２０１１年３月11日、双葉高校で起きたこと

２０１１年3月11日14時46分、双葉高校を大地震が襲う。最初に来た地震で校舎の中は崩れ

ボランティア大学生まあやが描いた双葉高校

た机や椅子、飛び散ったガラスなどで内部がめちゃくちゃになった。あちこちの備え付けの本棚からは本や資料が飛び出し、廊下がふさがれた状態になった。

靴箱からは無数の靴が飛び出した。校庭でも地鳴りがするようなものすごい揺れが何秒も続く。校歌碑も後ろに反り返るように倒れた。地面が激しく揺れる恐怖や不安におびえ、足がすくんだままその場で泣き出す生徒もいた。

緊急事態に、すぐに生徒全員が避難を強いられた。そのときは巨大津波が来るなど誰も想像もしなかった。それでも、とにかく身を守るためには校舎を離れて早く逃げなくてはならない。

混乱する意識の中でも必死に外に出る。生徒も先生たちも教室から大事なものを持ち出す時間もなかった。幸いにして双葉高校の生徒で亡くなった人はいなかった。しかし、美術の先生が1名、津波で命を落としている。

地震の規模はマグニチュード9・0。観測史上最大だ。警視庁の発表（2013年3月11日発表）によると、この震災による全国の死者は1万5882名、行方不明者2668名、建物の全壊・半壊は約40万戸、避難者は40万人以上と報告されている。

その中でも福島県は沖合の全域が震源地となったために激震となった。被害も甚大で、死者が約1600名、行方不明者が約200名。さらには巨大津波の影響で福島第一原発が水素爆発を起こした。福島ではこの事故によって周辺住民10万人以上が避難する事態となった。特に、双葉郡の双葉町、大熊町、富岡町、楢葉町、広野町が広い範囲で強制避難となった。これらの地域では強制避難の混乱の中で健康に問題を抱える多くの高齢者が犠牲となった。

双葉高校は、その中でも最も被害が大きかった浜通りにあり、福島第一原発から3・5キロに位置している。原発が爆発した後、校舎はすぐに避難指示のために立ち入り禁止となった。双葉高校の生徒たちにとって3・5キロは徒歩で歩いて行けるほどの距離だ。日々、目の前で当たり前に安全だと思っていた原発が、ある日突然暴走したのである。

そのとき生徒たちはこうした被害の規模を知る由もなかった。しかし、後に知ることになる原発事故の規模はあまりに甚大だった。事故以来、20キロ圏内は放射線量が非常に高い状態であり、その後も双葉高校は基本的に立ち入り禁止が続いている。

先生たちだけが、校舎への一時立ち入りが許された。白い防護服を着て、数時間に限られた立ち入りである。その機会に、散乱する書類でめちゃくちゃになった職員室から進路指導に必要な成績などが入ったコンピュータを持ち出すのが精一杯だった。

成績がなければ生徒の推薦書も作れない。持ち出した先生は、「とにかく、それだけでも持ち出せてほっとした」と語っている。しかし、それ以外の大切なもの、教科書はもちろん、これまでの卒業アルバム、音楽室の楽器、部活の道具、そういった一人ひとりの高校生活の思い出が詰まったものはまったく持ち出せていない。

避難所での厳しい生活

双葉高校に通う多くの生徒は20キロ圏内に自宅があった。助かった生徒は突然の事態にとりあえず身の回りのものだけをバッグに詰めて家を離れた。彼らは震災であまりに多くのものを奪われた。大切な家族や友人を失った生徒がいる。家族同然だったペットや牛を置き去りにしてきた生徒もいる。

悲しみや憤りの中で自宅を離れたあとの数週間は、彼らの多くは設置された避難所を回りながら生活した。親戚を頼って避難したり、すぐに家族と一緒に県外に出た生徒もいる。

彼らが避難したときは原発事故に関する情報がなかった。避難所では携帯電話もほとんど電池が切れていた。電気が通じていないので、テレビで原発事故の情報を知ることができない。原発の爆発が起きたときはラジオ以外に情報がなかった。ラジオの解説委員は「たいしたことはない」と繰り返し言っていた。

生徒たちが覚えているのは自宅から避難したとき、警察官が防護服を着ていたことである。「なぜだろう」と思った。原発事故による放射線の拡散については何も知らされなかった。たどり着いた場所で避難所に入れなくて、何時間も外で時間を過ごした生徒もいる。降り注いでいた放射能のことなど誰も知らなかった。親戚の家に避難していた生徒の一人は、水道が止まり、水が買えないから爆発事故のあと、すぐに地下水をくみ上げてご飯を炊いた。

避難所での生活自体は過酷だった。食べ物や寝る場所、トイレなどすべてが不自由。なにより辛かったのはお風呂に入れないことだった。何日もシャワーを浴びないのは生まれて初めての経験だった。髪の毛はみんなぺっちゃんこ。着替えもない。でも、緊急事態発生の中で、それは命にかかわることではないから何も言えない。言ってはいけないと思っていた。

避難所に避難してから入った初めてのお風呂では、とんでもない量の垢《あか》が出た。配給される水や食べ物も限られている。どうにか命をつなぐだけの食べ物はあった。でも、お年寄りたちは、慣れない食べ物がうまく食べられなくて日に日に弱っていった。その姿が自分のことよりも悲しかった。

夜も眠れなかった。みんなの心が次第にすさんでいった。家族のあらそいも増える。生徒の一人は、ふだんは仲のよい祖父に暴言を吐いて自己嫌悪におちいった。目の前で自分にとって大切な人との人間関係がどんどん壊れていくのがなにより辛かった。

それでも高校生たちは若くて体力がある。避難所では支援物資を分けたり、掃除を担当した。自分たちができることはなんでも積極的にやった。みんながその日を生き抜くのに助け合っていたから、自分たちもできることをしようと思ったのだ。

4つのサテライト校にわかれて授業再開

厳しい避難所生活が続いた生徒たちも時間が経つにつれ少しずつ落ち着きをとりもどしてくる。原発から20キロ以内の避難区域内に位置する双葉高校は、その後も立ち入り禁止の場所となった。

双葉高校は、そのために福島県内にある4つの高校の校舎の一部を借りて授業を再開することになった。場所は、福島市の福島南高校、郡山市のあさか開成高校、いわき市の磐城高校、会津若松市の葵高校。これらの4つの高校の校舎の一部を借りた仮校舎は「双葉高校サテライト校」と呼ばれ、生徒たちはそこで再び授業を受けることになった。

双葉高校の全校生徒たちは4つの市のサテライト校にバラバラとなった。それぞれの避難地域に近い町で仮住まいからの登校生活だ。先生たちもバラバラになり、授業のたびに場所を移動する先生もいた。津波で車を流された先生は移動のために本数の少ないバスを利用しなくてはならない。広い福島県で1日に何回もの移動である。

生徒たちいわく、「違う高校に場所を間借りさせてもらっている」という状態だった。避難所を併設している学校もあり、受け入れてもらっている意識で常に遠慮しながらの学校生活である。高校生たちは「居させてもらえるだけでもありがたい」という思いだった。職員室や教室も急ごしらえだから壁などがきちんとしていない。隣の教室の声は筒抜けだ。制服や教科書などを失った生徒が多い。新学期に入ってからも寄付でもらった教材や参考書などを活用しながらなんとか勉強を続けるという状態だった。

生活については多くの生徒が経済的な問題を抱えていた。自宅を離れたことによって保護者たちの多くは地元でやっていた仕事を失った。原発事故による賠償金がすぐに手元に入るわけでもない。保護者たちは、それぞれの町で経済的な困難を抱えて子どもたちに勉強を続けさせた。新しい町ですぐに仕事が見つかるわけではない。

もちろん、避難した場所はあまりよい住環境ではない。公共施設の避難所を4、5日で移動する家族もいた。住宅は借入れアパートのケースもある。もともと複合世帯で住んでいた大家族にとっては避難先の借入れアパートはとても狭い。2間に家族7、8人が一緒に住むなど環境は厳しいものだった。子どもの泣き声がうるさいから家族が寝静まった深夜にだけ勉強した生徒もいる。

双葉高校はそれぞれのサテライト校につくる仮設教室の準備で3月と4月は休校。その間、避難生活の混乱の中で高校生たちは勉強をほとんどしていなかった。サテライト校で通常授業がなんとかスムーズに運営できるようになったのは5月の連休も明けてからだった。

友達との別れ、放射能の不安

4つのサテライト校での授業の再開で生徒たちは再会を喜び合った。でも、別のサテライト校に行った友人とは3月11日に「じゃあ、またね」と言葉を交わして別れたきりで、その日からずっと会えていない。福島県外に転校して行った生徒もたくさんいた。同じ学校に通っていたクラスメイトがさよならも言わないで転校して行った。生徒たちは何も悪いことをしていないのにある日突然、大切な友達と引き裂かれたのだ。双葉高校での彼らの日常がそのときから止まっている。

でも、毎日生活するのに精一杯だし、そのことを話してもどうにもならない。だから、転校して行った友達については残ったみんながじっと胸に抱えてあまり話題にしなかった。

放射能については毎日、安全を確認して何ベクレルという数値が発表された。場所によって値は異なった。グラウンドは放射線の線量を計測してからしか使えない。高校生たちは最初のころはみんな毎日マスクを着けていたが、そのうちだんだんと着けなくなった。線量が低くなったわけではない。

放射能は目に見えない。ずっとマスクをして生活するのは不便だ。放射能の影響をずっと気にしていたら心が疲れてしまう。だから危険を知りながらも日常を取り戻すために「マスクはもういいや」という気持ちになったのだった。

一人ひとり呼び出されてホールボディカウンターで自分の身体の中にある放射線の量を測定した。甲状腺の検査もした。医学的な意味はよくわからないが、とりあえず自分たちは大人に言われたことはやらなくてはならない。友達とはそのことはあまり話さない。話しても不安になるだけだし、自分たちで解決できることもない。

心も身体も悲鳴をあげる

4つのサテライト校にわかれてからは、今まで一緒にやっていた部活動もほとんどできなくなっていた。サッカーやバレーボールなど13部あった運動系の部活動も練習ができなくなった。活動場所の確保ができなくなったことで部員の数が減ったからだ。グラウンドの放射線量も高く、屋外での練習も積極的にできない。

除染のためにはぎ取られた土は校舎の近くでビニールシートがかけられたままだ。土を持って行く場所がないのだ。吹奏楽部も楽器を弾ける人数が減ってしまった。存続した野球部も週末だけ4つのサテライト校から保護者の引率で部員がひとつのグラウンドに集まり、なんとか夏の大会の準備をすすめていた。

双葉高校の先生たちは、こうした状態の生徒たちや彼らの将来の進路を心配していた。4つのサテライト校を運営するだけで大変だったが、それでも一人ひとりの生徒たちに寄り添おうと努力していた。学校運営、授業の準備、部活動、生活の支援などやるべき仕事に追われていた。

全国からの支援物資はありがたい。そして、対応する先生たちの作業はどんどん増える。スクールカウンセラーは毎日ひっきりなしに訪れる生徒の心の相談で精一杯だ。しかし、先生たちやカウンセラーもまた被災者なのであり、厳しい避難生活を送っていた。みんなの心や身体が悲鳴を上げていた。津波からは何とか逃れたが、一カ月以上も自分が実際に見た津波の影響で悪夢を見ていた先生がいる。生徒たちをケアする側も傷を負っていた。

ワボックの理念と活動

こうした双葉高校の高校生や先生たちと、東京の大学生が出会うのだが、彼らはワボックという機関に所属している大学生である。

ワボックは、早稲田大学の機関として2002年4月に活動をスタートした。正式名称は、早稲田大学平山郁夫記念ボランティアセンターという。歴史的に大学の使命は教育と研究である。しかし、新しい時代の中で「大学は社会貢献にも取り組むべき」という理念のもとに、当時の奥島元総長がボランティアセンターを構想したことがその始まりだ。センター設立計画を具体化するきっかけとなった出来事として、奥島元総長と世界平和への思いを持ち続けていた故平山郁夫画伯との出会いがある。

ワボックの理念は、「大学と社会をつなぐ」、「体験的に学ぶ機会を広く提供する」、「学生が社会に貢献することを応援する」の3つだ。具体的な活動としては、ひとつに教員による専門性を持った授業の提供。そして、学生による自主的なボランティアプロジェクトの実施という2つの柱がある。

現在、提供する授業科目の数は20程度。ボランティアプロジェクトは30ほど存在している。授業は大学から単位が認定されるが、ボランティアプロジェクトはあくまで自主活動である。ボランティアプロジェクトについては、3年に一度審査を受けて「ワボック公認プロジェクト」として活動する仕組みだ。公認プロジェクトとなると、ワボック教職員の一人がそのプロジェクトの担当として活動の支援を行う。担当者は外部の専門家の場合もあり、フィールドへの引率をしたり、活動内容についてのアドバイスを行う。教職員による具体的な活動支援の方法も活動内容によって異なっている。

しかし、すべてのプロジェクトを通じて共有する目的がある。それは、学生の主体性を尊重すること、そして、社会に貢献するだけでなく学生の成長も目的としているということだ。ワボックでは、学生が体験を通じて社会とかかわり、そこから学ぶことをとても大切にしてきた。公認プロジェクトのフィールドは国内外多岐にわたる。海外では、中国のハンセン病回復者支援やベトナムでの小学校支援などの東南アジアでの活動が多い。数は少ないが、遠くではルワンダやタンザニアといったアフリカでの活動もある。国内でも首都圏や東北など活動地域は幅広い。その他にも早稲田大学内での災害対策システムづくりや大隈庭園の田んぼづくりなどもあり、まさに足元からグローバルまで多角的にボランティア活動を展開している。

活動分野も環境、農業、教育、人権などさまざまだ。プロジェクトのメンバーとして活動する学生は、早稲田大学の学生だけでなく、基本的には18歳以上であれば誰でも参加できる。現在、年間で約600名ほどの学生がプロジェクト活動の中心だ。そのうち8割ほどが早稲田大学の学生である。現地の関係者などを含めると年間のべ1500名近くがワボックのプロジェクト活動にかかわっている。

2011年に震災が起きてからは、「震災ボランティア活動」もワボックの主たる活動となった。これまで、すでに3500名以上の大学生と教職員が東北に派遣された。その活動は、震災初期の津波被害のための瓦礫撤去、体育各部によるスポーツ支援、サークルによる音楽支援など幅広い。その他、長期にわたる支援活動としては、市役所の観光支援に関する活動なども行われてきた。大学と行政との連携は、大学のボランティアセンターの活動として新しい挑戦でもある。

学生にとってワボックは1日だけのボランティア活動から、半年や数年にわたる長期の活動までさまざまな形でボランティア活動に参加できる場となっている。活動機会を提供するという意味でまさに早稲田大学の学生ボランティア活動の中心を担う組織である。

活動を支える資金は、ワボックの組織運営に関しては早稲田大学の機関として大学が負担する。その他、一部震災ボランティア活動のためのバス代などは卒業生の寄付によって賄われている。活動にかかる交通費などの費用は基本的に大学生の自己負担だ。多くの場合、活動のために大学生が国内外のフィールドへ行く費用はアルバイトによって稼ぐことになる。資金を貯めるのに「飲み会を一回あきらめる」「新しい洋服を買うのをしばらく我慢する」学生も多い。プロジェクトによっては公的な、あるいは私的な活動助成金を獲得したり、企業の協賛によって支援を受けるなどのケースもある。

ワボックは設立以来、早稲田キャンパスのはずれにある、やや立て付けの悪い4階建てのビルにオフィスを構えていた。しかし、毎年活動する学生やスタッフの数が増え事務所が手狭になってきた。その後、建物の耐震問題もあり2012年にメインキャンパス近くに引っ越した。現在は大隈講堂のすぐ前にある近代的な6階建てビルの2階と3階にオフィスがある。事務所が2階で3階が学生の活動スペースと4名の教員たちの部屋である。

学生たちは、主として3階のミーティングスペースと呼ばれる場所を使って活動の打ち合わせや作業をする。部屋の広さは約20畳あり、椅子と机、ホワイトボードが自由に動かせる空間だ。

昼休みにはサンドイッチやおにぎりを食べながらのミーティングがあるし、夜遅くなればお酒が入ることもある。ワボックは、学生が学生らしく創造的に発想するための拠点となっている。

ワボックに集う学生たち

そんなワボックに集っている学生たちの学年も学部もさまざまだ。男子よりも女子の割合が若干高い。プロジェクトで活動するメンバー学生の募集は、ワボックがメーリングリストやホームページなどで呼びかける。

それ以外にも各プロジェクトがそれぞれ工夫しながら仲間を増やしている。

学生たちの参加動機も実にさまざまだ。「困っている人を少しでも助けたい」という誰かの役に立ちたい派。「なんでもいいからとにかく海外に行ってみたい」というとりあえず経験したい層。「この社会は間違っている」という社会問題の解決や社会正義を目指したい学生。「何か大学生活で自分が成長する機会がほしい」という自己実現を目指す者。「弱き人々を助けてかっこいいことをしていると思われたい」という誰かに注目されたい者や、「就職活動に有利かも。恋愛のチャンスがあるかも」という下心を持った学生たちもいる。

もちろん、参加してくる学生たち全員がどれかひとつの動機というわけではない。これらが少しずつ混ざった形で学生たちがやってくる。傾向としては1年生から活動する学生は少ない。1年生のときはサークルやバイトをしていたが、少し学年を経て「何かそれとは違うことをしたい」と思ってやってくる学生が多い。

プロジェクト活動の継続についても、1年生のときに参加して卒業まで同じプロジェクトで頑張り続ける学生もいれば数カ月でやめていく学生もいる。違う活動に移る学生もいるし、ボランティア活動そのものをやめる学生もいる。活動への関わり方はそれぞれだ。やっている活動にコミットする温度も違う。

学生たちのやる気についても、活動に夢中になりすぎて単位を落とした学生は珍しくない。1年間大学を休学してボランティアに行く学生や、企業の内定を蹴って東北で活動するツワモノもいる。大学5年生もけっこういる。

一方でミーティングにほとんど来ない不真面目な学生もいる。一回だけ来て活動をやめる学生もいる。ボランティア活動の「あるべき理想の姿」などない。ワボックとしては、それぞれ個人が活動に対して自分の距離感や関わり方を見つけていけばいいと考えている。

こうした学生たちによる活動の大きな特徴のひとつは、学生には自由な時間がたくさんあることだ。そのために議論をしている時間が長くなる。学生の特権でもあるが、「この活動は意味があるか」というそもそも論についての議論が行われることが多い。これは活動する学生たちが一度はぶつかる問いでもある。その中でも「結局、ボランティアって自己満足？」という議論は定番だ。「自己満足なんかじゃない」や「自己満足のどこがいけないのだ」という意見までずっと議論している。

ワボックとしては、「まずは自分のやることの意味がわからなくても、とにかく一歩行動してみようよ」という立場である。しかし、どういう意味があるかを納得しないと足が動かない学生も多い。ボランティア活動では相手に迷惑をかけてはいけないという呪縛もある。もちろん、それはとても大切なことだ。しかし、それでも相手に迷惑をかけてしまうことがあるし、間違うこともある。若者であればなおさらだ。そのときには心をこめて謝ることが大事だし、現場の人や当事者に叱ってもらえるのも貴重な体験である。ワボックでは、日々、私たち教員と学生たちとでそんなやりとりをしている。

ワボックの活動を通じて生身の人と人が関わる

その他のワボックの特徴としては、教職員と学生の距離が近い。大学のキャンパスを離れて現場に一緒に行くことが多いのが理由だ。とにかく寝泊りを一緒にする。夏休みや冬休みの活動になると2週間とか3週間ほぼ一緒に過ごす。泊まりはホテルのときもあるが、寝袋もあるし、雑魚寝はしょっちゅうだ。一緒にお風呂に入り、一緒に食事をとる。

その過程で、大学の講義教室ではつくることができない深い関わりが生まれる。大学生たちがとにかくよく涙を流すのを知ったのは7年前にワボックに来てからだ。彼らは悔しくても、悲しくても、うれしくても泣く。なぜ泣いているのか聞くと「星がきれいだから」と言う。学生いわく、「活動したら汗と涙とおしっこがいっぱい出る」。

もちろん、関係が深くなれば感情的なもつれなど人間的な部分があらわになることもある。学術の場である大学において論理や理性が大事なのは言うまでもない。しかし、ボランティア活動では、感情や情緒の表現をすることがとても大切だ。頭だけでなく心を動かすことを大事にする。活動を通じて生身の人と人が関わることの意味がそこにあるからだ。

このようにワボックは設立以来10年かけて、多様な形でボランティア活動や社会貢献活動を支援し、学生たちの学びを支えてきた。活動を通じて私たちは日々、学生と一緒に学ぶ機会を与えられてきた。もちろんまだまだ試行錯誤のプロセスである。しかし、多くの学生たちによる「実践の例」を積み重ねてきたことは確かである。失敗もたくさんした。そして、それなりの評価を受けてきた活動もある。

そんな中で、２０１１年3月11日、東日本大震災が起きた。そこから私たちの新たな模索が始まった。

「それでも勉強がしたい」
――大学生ボランティアの合宿準備

福島の高校生へ学習支援をしよう

私が担当するワボックのプロジェクトチームが支援してきたのは、ベトナムや日本のＨＩＶ感染者、フィリピンの戦争被害者女性、日本の農村に住む外国人花嫁たちだ。彼らは自分の意志とは関係のないところで社会の周縁部に置かれてきた。私が活動を通じて学生たちと一緒に取り組んできたのは、社会に存在する少数者に対する差別や偏見の問題だった。

その中でも社会的な制度や法律などの目に見えやすいものだけでなく、個人の内面にある意識に迫ろうとしてきた。それは、形としてはっきり見えなかったり、自分たちが認めたくなかったりする意識である。言葉にして語ることにはタブーがある。学生たちは、あえてそこに注目し「見えないものを見えるようにすること」を活動のテーマに掲げてきた。差別や偏見に晒《さら》される当事者の声はなかなか聞こえない。彼らが声をあげられない理由が私たちの社会にあるからだ。だからこそ、その声を聞く。そして、社会に伝える。それが社会に存在する差別や偏見を少しでもなくすことにつながる。そんな思いをもって私たちは活動を重ねていた。

こうした経験や問題意識から、私とチームの学生たちは震災支援をするなら福島を支援すると最初から決めていた。福島で放射能被害を受けている人々は、被害者でありながら社会的な差別の対象となることが容易に想像できたからだ。そこにはきっと聞こえない声がある。その声を聞き、世の中に伝えたい。このように、チームとしてボランティア活動に向かう軸はあった。

しかし、「震災後の極度の混乱の中で果たして自分たちに何ができるのか」という問いの中でしばらくは模索の時間が続いていた。これまでの経験から福島の問題が非常にデリケートであることがわかっていたからだ。ボランティアが当事者の語りたくない部分に触れてしまうこともある。それが、ただでさえ困難な状況にある人を傷つけることもある。

それに、ワボックはこれまで福島にネットワークがなかった。チームの大学生たちの中には、原発事故が起きてから水を買い占めた、東京から逃げようとした、そんな自分が何かしていいのかという自分たちへの疑問もあった。だからこそ、少しじっくりと考え、準備をしてから動きたいと思っていた。ボランティア活動には心の準備と当事者が置かれている状況への想像力、そして、なにより覚悟がいる。果たして大学生にどこまでできるのか。私自身も葛藤を抱えていた。

そんな中で浮かんできたのが高校生の学習支援だった。大学生たちには、福島の高校生たちにとっては勉強を続けることがなにより大事なはずだという確信がある。少し前まで高校生だった彼らには、高校生がどういう気持ちで勉強に取り組んでいるかがイメージできる。大学に行くことが、自分の将来につながっているという思い。試験に落ちたら自分の人生が否定されると感じる恐怖感。試験まで残り何日と数えながら一日一日なんとか勉強を積み重ねる緊張の時間がそこにあるはずだ。

学習支援は、そうした意味でニーズがあり、かつ大学生の強みを生かす発想だ。学習支援を行うことで福島の高校生を支え、そのプロセスの中で放射能差別の問題について取り組むという案で活動計画が練られていった。

まずは教材の入手

また、学習支援というアイディアの背景には、学生の時にワボックで活躍していた卒業生の存在があった。学習教材を制作するベネッセコーポレーションで働く大久保美希。彼女は学生時代にルワンダで虐殺問題に取り組む活動をするなど、私の授業で活躍していた。学生時代からやると決めたら絶対形にするという行動派。卒業後も何かと私と連絡をとりあっており、社会を変えるための行動への熱い情熱を持ち続けていた。私の頭の中には「高校生の学習支援なら彼女が相談にのってくれるはず。教材もなんとかなるはずだ」という思いもあった。

そして、彼女にほとんど命令のようなメールを出す。「大学生が福島の高校生に学習支援をやりたいと言っている。教材提供と教える大学生へのカリキュラムのアドバイスをなんとかしてほしい」。すぐに「先生、ちょっと時間をください。どうしたら動かせるか考えます」という頼もしい返信がくる。さっそく数日後には彼女が会社の上司を説得することになった。さらには彼女の説得に追い討ちをかけるタイミングで、私とチームの学生たちがベネッセの東京本部に出向いてプレゼンをする。

さて、プレゼンではベネッセの人たちを前に、いきなり学生が「僕はZ会でした。すいません」というジョーク。真剣な雰囲気の中、予想外の冗談に担当者も思わず苦笑いだ。その後は「僕たちが勉強を教えることで、苦しい思いをしている福島の高校生を支えたいのです。よろしくお願いします」という大学生の言葉に、同席してくれたベネッセの管理職の人たちが頷いている。情熱とやる気だけは十分伝わったようだ。そんな企業の大人に応援された学生たちの気持ちも自然と盛り上がる。帰りの道すがら「なんか気持ち伝わったよね」とつぶやいている。こうして企業協賛としてベネッセからの学習教材提供も可能となった。

学習支援の場の確保

この段階でなんとか大学生による支援活動ができそうだと目途が立ってきた。しかし、ここでぶつかった最初の壁は、夏の福島県内には学習支援をできるような場所がないという事実だった。公的な施設はほとんど避難所となっており、静かに勉強ができるスペースがない。それならば大学生を福島へ派遣するのではなく、高校生を別の県に移動させるしかない。

私は、受話器を片手に宿泊が可能な近隣県施設を必死に探す。その中で協力を申し出てくれたのが栃木県小山市でドメスティック・バイオレンス被害者シェルター「ライフ」を運営しているNPOの代表だった。活動家の大先輩による「高校生と大学生20名くらいならシェルターを1週間だけ宿泊所にして食事の面倒も見るわ」というありがたい言葉をいただく。

彼女は口より先に身体が動く地元の大御所。60歳も過ぎたら怖いものなどない。数日後には前もって約束もなく小山市にある白鷗大学にどかどかと乗り込んだらしく、「高校生たちが勉強する教室は確保したわよ」と電話があった。心に傷を負った女性たちを何年にもわたって受け入れてきたプロフェッショナルが協力してくれる。数日後には「お米はいっぱいあるからね」というメールが届いた。なんとも心強い。

島先生からのハガキが縁となって

こうして外側の環境はほぼ整いつつあった。次なる壁は、ワボックとして「どこの高校にどうアプローチをするか」という問題だった。福島県内だけで山のような数の高校生が被災をしている。どの生徒を支援するという選択は、現地の混乱を招くことになるだろう。そこを支援する根拠は何か、公平性はどうなるという批判も常につきまとう。しかし、何もしないなら何かをして批判を受けるほうがいい。それがきっと次の行動につながるはずだからだ。

いろいろなアイディアを模索する中で突破口となったのは、鎌田薫早稲田大学総長が東北の校友と呼ばれる早稲田大学卒業生に送った往復ハガキだった。校友の安否を尋ねるハガキは震災直後に1万8150名に宛てて送付されたが、そのうち約3500名の校友からの返信があった。その中に福島県の高校教諭からのハガキがあったのだ。差出人は福島県立双葉高校の島生樹郎先生。そこには「自分も津波の被害で家は流されましたが、九死に一生を得ました」と記されていた。乱れた筆跡がそのときの状況の緊迫さを物語る。

さっそく、そこに記されていた携帯電話の番号にワボックの外川事務長が電話する。島先生は原発事故の後、双葉高校の4つのサテライト校のひとつ、郡山のサテライト校で教鞭をとっていた。その時点で直接会うための日程を決める。そして、2011年の5月下旬、外川事務長と私が新幹線で郡山へと向かった。郡山では、まず、早稲田大学福島校友会長の須佐氏へご挨拶。豪快なステーキランチとともに「ぜひ活動をやったらいい」という励ましの言葉をいただいた。そして、いよいよ郡山で教鞭をとる島先生に会いに行く。

郡山のサテライト校は、あさか開成高校の校舎の一部を借りていた。双葉高校の生徒たちは玄関もあさか開成高校の生徒とは別になっており、仮設校舎が「離れ」のようになっている。その玄関から2階にあがると仮設の職員室がある。部屋に垂れ下がる「双葉高校サテライト校職員室」のサインはコピー用紙に印刷されたものだ。その奥にある仮設教室で私たちを笑顔で迎えてくれた島先生の第一声。

「いやあ、僕は大学を卒業してからこれまで一度も大学に寄付をしたことがないのに、わざわざここまで来ていただきありがとうございます」

津波と原発事故で自身がものすごく大変な経験をしているのにいきなりのブラックユーモアが冴える。「いえいえ、そんな……」と私たちが下を向きながら口ごもる。「そうですか。僕は返信ハガキを出したこともすっかり忘れてました」と笑う彼の言葉になかなかうまく笑い返せない。

そんな島先生が最初に会ったとき話してくれたのは、自分がのみ込まれそうになった巨大津波の恐怖と原発事故に対する憤りだった。「車を捨てて高台に逃げた自分が助かったことは奇跡。だからこそ何もなくなった自分は教師として今、生徒たちのためにやれることをやろうと思っている」ということだ。

そして、彼は原発事故の混乱で4つのサテライト校にバラバラになった生徒たちの勉強が遅れていることをとても心配していた。通常ならば、新しく高校3年生になる生徒にとっては、4月から5月は自分の進路の方向性を決める時期だ。それに向けて、本格的な勉強を始めなくてはならない。しかし、彼らは、その期間、震災と原発事故のために落ち着いて相談したり、勉強の計画を立てることができていない。また、避難生活のために勉強に集中できる心の状態になれないでいる。それは成績にも悪い影響を与えるはずだし、生徒たちの将来の可能性が変わってしまうかもしれないということだ。

そうした震災の壮絶な話と島先生の生徒たちを思う気持ちに、私も外川事務長も胸が詰まってほとんど言葉が出ない。なんとか「夏休みに高校生への1週間の学習支援をやらせていただきたい」という申し出をする。それに対して島先生から、その場で「僕が管理職を説得して双葉高校側の責任を負います」という言葉をいただいた。その時点で何も実績がない初対面のよそ者を受け入れ、会ったこともない大学生を信頼してくれた島先生。高校生の支援に全力を尽くしたいと気持ちは固まった。

11名の生徒が合宿へ

数日後、島先生が双葉高校で参加募集の案内を行った。その結果、双葉高校の生徒11名が勉強合宿に行くと決まった。高校生たちにとっては、夏休みに1週間も福島を離れての生活はかなり不安だ。彼らのほとんどは、長い時間家族と離れて暮らした経験がない。知らない人と集団生活をしたこともない。自分が周りの人とうまくコミュニケーションができる自信がないのだ。それでも実際募集してみると、3年生だけでなく勉強したいという気持ちを持っている2年生もおり、最終的に手を挙げた生徒は3年生が7名、2年生が4名。

高校生たちは遅れた勉強を少しでも取り戻したいという気持ちだった。なかには避難先の生活で制服がなかったり、満足に夏用の着替えやシャツが用意できない生徒もいる。それでも彼らは「とにかく行ってみよう」と思った。夏の間は学校も休みになるから勉強に集中するためには少しの間福島を離れるのもいい。避難生活を続けながらも高校生たちはそのとき勉強することに必死だった。勉強を続けることが彼らにとって未来につながると思えるからだ。

でも、高校生にとっては勉強を教えてくれる東京の大学生たちがちょっと怖い。東京の大学生には会ったこともないし、話したこともない。どういう人たちなのか想像もできない。早稲田大学の大学生にはものすごく「勉強が得意なすごい人たち」という漠然としたイメージだけがある。憧れもあるから会ってみたいという気持ちもある。でも、東京の人、都会の人にはどこか気後れしてしまう。「勉強がわからなくて怒られたらどうしよう」、「緊張して上手に話せなかったらどうしよう」。初めて大学生たちに会う高校生たちはとても不安だった。

大学生、授業の準備を開始

一方で、ワボックの大学生たち。2011年5月に双葉高校の支援活動が決まってからはまずは活動メンバーの募集だ。これまでチームは国内外で支援活動をしてきたが、今年は福島の高校生を支援する。そのためには新しいメンバーが必要だった。学生リーダーと一緒に5月と6月は面接を繰り返し、最終的には6名の大学生で活動することに決定した。男子学生4名、女子学生2名による編成である。

メンバーが決まった後はチームの大学生による活動準備である。まずはベネッセの大久保美希によるアドバイスを受けながら6月には授業カリキュラムと時間割をつくる。彼女は双葉高校の学習単元まで調べあげ、教材に沿ってカリキュラムの具体的な内容案を送ってきた。

その一方で大学生たちは、ワボックで提供教材を使った授業の練習を重ねることになった。英語、国語、数学の科目2人の担当制のアイディアは、大学生たちから出されたものだ。しかし、練習してわかったのは、大学生たちには自分が受験を勝ち抜いてきた自負はあっても、教えることに関しては技術がないという事実だった。模擬授業をやれば、ホワイトボードに問題を書いて自分で解きながら自分で解説するだけ。話す声も前を向いて大きな声を出せないし、ぼそぼそしゃべる。15分くらいで私が眠くなるような模擬授業に、「こんなんで高校生を教えて大丈夫か」と不安がよぎる。自分たちでも「それじゃ、飽きるよな」と感想を漏らす。

ここはなんとかしなくてはならない。幸い私には高校の科目内容がわからなくても長年大学生に授業をしたり、参加型ワークショップをしてきた経験がある。そこから生徒を参加させ、自主性を引き出す技術がある。生徒のニックネームをいちいち呼ぶ、一人ひとりの目を見て話しかける、答えは生徒に言わせてみんなの前で褒めるなどの方法を伝授しながら、何度も練習をする。

練習では、高校生役となる大学生たちがお互いのやり方についてコメントする方法が効果的だった。メンバーからは「そうやって間違ったことを否定されるだけでなく、ここは頑張って考えたんだね、とか言われると、次も挑戦してみようという気持ちになった」などのコメントがくる。役割を演じてみることで、授業をやっている大学生が、参加している生徒がどう感じているかを客観的に想像する機会となる。

大学生にはベテランの先生たちのようにうまく教える技術はない。だとしたら、説明がヘタでも元気よくやる、より高校生に近い立場から生徒の気持ちに寄り添うような姿勢があるというところでしかよさがない。そのことをチームとして何度も確認した。板書の仕方については、大学生たちの高校時代の経験と私の経験を合わせて1コマごとにノートに事前準備をする。こうして練習をはじめて1カ月くらいでなんとか形になってきた。

合宿の「しおり」をつくる

主要科目授業の一方で、合宿では高校生たちが大学に行ってみたいという気持ちを高めるという時間も工夫された。高校生にとっては1週間での集中学習だけではもちろん足りない。大事なのはそのあと福島へ帰って勉強を続ける気持ちを持ち続けられるかだ。そこで出したアイディアは、大学に入ったらこんなことができるという模擬体験だった。大学生になったらこんなことができるという経験をすれば、今の辛い勉強を頑張る励みになるはずだ。

具体的には、まずは大学生のときにフェアトレード問題に取り組んだ卒業生の大久保美希が大学でのボランティア活動を通じて開発したワークショップをやる。そして、私が大学教員として大学での参加型模擬授業をやるということになった。どちらも、高校の科目授業とは違う答えのない問題を自分で考えてみる体験だ。これらについては私と大久保美希とで内容を打ち合わせることになった。

また、高校生に勉強合宿を楽しんでもらうために、合宿の「しおり」もつくった。1週間の時間割や、大学生の自己紹介が載っている。宿舎の掃除や洗濯の当番表もある。各ページには写真や手描きのイラストも散りばめられており、心のこもったものだ。「どうしたら高校生たちが楽しいと感じてくれるか」、「頑張りを応援したいという気持ちを伝えるためにはどうしたらいいか」。それをできるだけ想像し、メンバーが話し合いながらひとつひとつアイディアを具体的な形にしていく。誰かのためにモノをつくることはとても時間と手間のかかる作業だ。

双葉地区の原子力の歴史、経済、文化を知る

こうした準備を進める一方で、大学生たちは当事者に会う前に知っておきたいことがあった。チームとして掲げた活動目的のひとつが「当事者の声を聞く」である。そして、今回の活動で支援するのは原発事故で避難生活を送る福島の高校生たち。そもそも、なぜ福島に原発があるのか。それには理由があるはずだ。しかし、自分たちは何も知らない。福島や双葉町には原発をめぐる歴史がある。高校生たちの多くはそこで生まれ育っている。大学生たちは双葉高校の高校生の現状をめぐる背景を知っておきたいと思った。

そこで6月から7月にかけて大学生たちが取り組んだのは、自分たちで原発の背景となる情報を調べて、議論するという活動だった。最初にチームリーダーであるゆうひが、「原子力をめぐる日本の歴史と双葉地区」について発表した。ゆうひは大学2年生のときからチームに参加しており、4年生になってからはリーダーとしてこの福島支援活動の責任者となっていた。

彼は支援活動を準備するにあたって、双葉高校の高校生たちを知るための基礎知識をチームで共有しようとしたのである。

それでは、今から日本の原子力をめぐる歴史と双葉地区に関して発表をしたいと思います。

アメリカの思惑と原発

1945年8月6日、広島県に原子力爆弾が落とされ、9日には長崎県に原子力爆弾が落とされました。そして、日本は戦争に負けました。日本の原子力との付き合いはこの時に始まりました。広島と長崎では、その後も放射能の「被爆」により、たくさんの人が命を落とし、差別されました。

しかし、1945年10月以降、GHQによる日本メディアの検閲が行われ、日本の新聞や書籍は検閲の対象になります。そして、広島と長崎の原爆報道は禁止されます。理由は日本人の反米感情が、GHQの統治の邪魔になるからです。それにより、「原爆による被爆」のイメージは、日本人に明確に定着することはありませんでした。後に日本人が原子力を拒否反応なく「受け入れていく」土壌がここで作られたと言えます。

科学者たちもこのときぐらいから「原子力の夢」を語り始めました。資源の乏しい日本にとって、エネルギー問題は戦時中から課題でした。だからこそ、原子力が科学者の目に「夢の力」として映ったことは想像に難くありません。現実として、1950年には核エネルギーの副産物である放射性アイソトープが研究用として、初めて日本に輸入されています。これらの原因は、原爆報道の検閲により、「被爆の恐怖」が国民に定着しなかったことだと言えます。

また、世界に目を向ければ、当時は「東西冷戦の始まり」でもありました。1946年3月、チャーチルは「バルト海のシュテッティンからアドリア海のトリエステにいたるまで、大陸を横断して『鉄のカーテン』が降ろされている」と言いました。当時のソ連とアメリカは、どちらが世界の覇権をとるか争っており、お互いを牽制し合うように「核実験」を繰り返していました。1949年には、ソ連の原爆保有が公表され、冷戦は核戦争の幕開けを予感させるものとなります。

そして、そのような緊迫した状況を打開するために、1953年、アメリカのアイゼンハウワー大統領は国連のスピーチで「原子力の平和利用（atoms for peace）」を演説しました。「原子力の平和利用」とは、原子力爆弾などの「軍事利用」と対になる言葉で、原子力という強大なエネルギーを「人類の文明の発展に利用していく」という意味です。この演説は、アメリカと関わりの深い国がソ連陣営に加わることを防ぐために行われ、抑止力として「原子力」を広げていこうとする意図が含まれています。また、もうひとつの意図としては、「原子力発電」を水力発電に次ぐアメリカの巨大輸出産業に位置づけられることもありました。

結果として日本でも、このスピーチに応えるように、1953年に中曽根康弘によって「原子炉築造予算2億5００万円」が国会に提出され、可決しています。このように、日本の原子力発電は、アメリカの「世界戦略」の一環でした。決して、原発は日本だけの力によって作られたものではないことをここで確認したいと思います。

戦前の双葉郡

これまで日本の原子力史を話してきました。ここからは福島原発がある福島県の双葉地区の歴史について話していきたいと思います。僕たちが支援する高校生たちはこの地区の高校生です。

『フラガール』という映画があります。舞台は福島県の常盤炭田。戦後の荒廃した炭田を盛り上げるために、地元の若い女性たちがフラダンスをするという物語です。今、常磐炭田は閉山してしまいましたが、フラガールは福島県のスパリゾートハワイアンズというリゾートで今もショーをしています。石炭から石油にエネルギーがシフトしていく「時代に翻弄された」痛みを忘れさせるようなショーですが、福島県双葉郡の歴史を象徴するものです。

戦前、福島県双葉郡は「東北のチベット」「福島のチベット」と呼ばれるほど貧しかったと言われています。例えば、明治期の日露戦争で戦勝国となった日本はロシアから賠償金を得ることができませんでした。日本全体で財政が厳しいにもかかわらず、1902年、1905年の2度にわたって東北に凶作が襲います。もちろん国からの支援はなく、村は貧しいうえにさらなる増税が課されていきました。大正から昭和にかけては、当時建設中だった双葉中学校の工事の経費を、資金繰り悪化のため払えないという状況にも陥りました。

では、このような状況の双葉郡は、どのように戦争を迎えていったのでしょう。実は双葉郡が初めて空襲を受けたのは1945年8月9日、10日という、日本の敗戦の直前でした。なぜこのような貧しい村に空襲が行われたのか。それは、双葉郡に陸軍の練習飛行場があったからです。具体的には、1938年、陸軍は双葉郡の台地300ヘクタールを強制買収し、熊谷飛行隊の分校を開設、陸軍の練習飛行場を作りました。ちなみにこの土地の一部は、今の福島第一原発の敷地になっています。当時、敷地内にあった民家が10軒ほど移転させられましたが、住民は素直に従ったと言われています。そして、1945年8月9日に初めての空襲が行われたというわけです。このように、双葉郡にとっての戦争は、「外」からやってきたものとして、目に見える物的な被害というよりも、やはり目の前の貧困に拍車をかけるものとして突きつけられました。

戦後、双葉郡の貧困にはよりいっそう拍車がかかりました。復員や引き揚げなどによる人口の増加に加え、昭和20年は大凶作で主食の確保もままならなかったと言われています。そのような状況の中で、双葉郡はどのように自らを位置づけていったのでしょうか。結論から言えば、塩を作ることでその時をしのぎました。当時、瀬戸内海地方の塩田が荒廃し、国内の食塩が不足していました。その不足を補うべく、双葉郡には製塩所が作られていきます。その数は昭和22年には30を超えたと言われています。飛行場の跡地にも、大規模な製塩所が作られました。作られた塩は、ヤミ米、ヤミ野菜とともに首都圏に供給されたとのことです。しかし、技術の進歩の結果、この製塩所も数年後に荒廃に追い込まれ、再び双葉郡は荒れ地を抱えることになります。

エネルギー供給地として――常磐炭田

これまで、戦争の前後に分けて双葉郡の歴史を見てきました。それは、戦争の前は「閉じられていた村」が、戦争という外的な要因によって徐々に「開かれていく」歴史です。一方で、実は戦争の前後に関係なく、福島がつねに「外」とつながっていたものがあります。それが冒頭にお話しさせていただいた「常磐炭田」です。常磐炭田は、福島県富岡町・楢葉町から茨城県北部までの地域にあり、日本では筑豊炭田、北海道炭田に並ぶ有数の大炭田でした。簡単に常磐炭田の歴史を紹介すると、常磐炭田は１８５０年から採掘が開始され江戸への輸出が始まり、１８７７年の西南戦争では東京市場に進出します。つまり、福島は歴史的に「中央にエネルギーを供給する場所」として自らを位置づけていたと言えます。その後、戦後までその状況は変わることなく続き、終戦時の１９４５年８月には３万５０００人が働いていました。しかし、そのように栄えていた常磐炭田も戦後が深まっていくにつれて、少しずつ衰えていきます。それは石炭から石油へのエネルギーの転換です。日本は経済の構造的変化にともない、それまでの農業・軽工業から重化学工業へシフトしていきました。背景には朝鮮戦争などによる日本の戦後成長があります。これにより、日本の電力使用量は増加していき、燃費のいい中東の石油にエネルギーがシフトしていきます。それとともに石炭の需要は減っていき、最終的に１９７６年、常磐炭田は閉山することとなりました。

原子力を抱えるフクシマ

最後に、福島第一原発のある双葉郡の「３・11以前」をお話ししたいと思います。具体的には文化と経済から、どのように双葉郡が原発を受け入れていたかについて話します。

双葉郡の町には「ようこそ！　原発の町　双葉町へ」というメッセージが掲げられたアー

チがあります。町を歩けば、「回転寿しアトム」や「ブックスアトム」といった原子力を想起させるようなメッセージを、至る所で目にすることができたそうです。町のお土産屋に行けば、「原子力最中」と呼ばれるお菓子も売られていました。

また、双葉郡には、今では有名になった「なでしこリーグ」で活躍する東京電力女子サッカー部「マリーゼ」もありました。双葉郡にはマリーゼを「福島の宝! 地元の誇り!!」と応援する看板も至る所にありました。チームのメンバーは午前中福島第一・第二原発で働き、午後に専用の「マリーゼバス」で本拠地「Jヴィレッジ」に行き、練習を行ったとのことです。彼女たちの練習場「Jヴィレッジ」と呼ばれるサッカー場は、福島でのプルサーマル計画を推進するにあたって、東京電力から福島に寄贈されたものです。サッカー日本代表が招集されると合宿場として使われていました。Jヴィレッジができてから10年以上経った3・11までは、その宿泊施設やホール、レストランは村の人の冠婚葬祭に使われていたとのことです。

原発と経済

ここからは、原発が福島県双葉郡に来たことによって、「どのような経済的な影響があったのか」ということについて話していきたいと思います。そこで確認しておくべきは田中角栄が作った「電源三法」です。電源三法とは電源開発促進税法、電源開発促進対策特別会計法、発電用施設周辺地域整備法を言います。これは簡単に言えば、国民の電気料金から税金を余分に徴収し、そのお金を使って、原発周辺に公共施設を作るというものです。では、早速具体的な数字を紹介していきます。

まず双葉郡はどのような産業で地域を作っているかについてです。具体的に数字を紹介しますと、2008年度のデータでは第一次産業が0・6%、第二次産業が4・9%、そして、第三次産業が94・5%となっています。第三次産業の内訳は電気・ガス・水道業が80・4%、卸売・小売業が1・2%です。つまり、双葉郡の産業の80%近くが、原発などによるエネルギー産業だということがわかります。この数字からわかる通り、双葉郡の生産人口の半分以上が東京電力の子会社で働いています。したがって、原発について批判しづらい空気が作られていることがわかります。また、2008年度の福島県内の市町村所得のトップスリーは広野町、大熊町、双葉町ですが、それらのすべての主要産業が電気・ガス・水道業になっています。原発がどれだけ周辺地域に恩恵をもたらしているかがわかると思います。

これらの事実より、日本における現行の法や制度によって地域経済と原発が密接にかかわっていることがわかるかと思います。

以上が双葉地区をめぐる歴史と経済の概観です。これで僕の発表を終わります。

「日本の原子力をめぐる歴史と双葉地区」2011年6月「日本の原発政策に関する勉強会」

メディア報道からは見えてこないこと

大学生たちは既存のデータや情報を集めて整理する作業は得意である。大学の課題でも頻繁にやっている。ネット時代に情報はあふれるほどある。ミーティングでの発表によって彼らは福島の原発立地が近代の戦争とも深く関わりを持っていたことを知った。そして、エネルギーをめぐる地球規模での巨大な利権構造を理解した。原子力政策をめぐる歴史や政治、経済の力学を読み解きながら自分たちなりに福島の事故についての考えを深めていた。

また、活動前に議論を重ねる時間は、事故が起こるまでこれまで知ろうとしなかった自分たちの態度を見つめなおし、「隠されてきた事実」について知るプロセスでもあった。ゆうひの発表前に鉄腕アトムのアトムと原子力の関係を知っていたメンバーはいなかった。福島の原発事故は自然災害による安全管理の問題ではない。私たちの社会が抱える構造問題が形になって現れた現象だという認識を持つようになっていった。

その一方で、大学生たちは、メディアによって広く発信されている情報やデータからは当事者の姿がよく見えないことにも気づいていた。そこに住む人々の思いや気持ちが伝わってこないもどかしさである。原発事故で実際に被曝した人たちの声がよく聞こえてこないのだ。メディアによる現地の人々へのインタビューもたくさん流れるが、本当に思っているのはどんなことなのかと引っかかる。

これまでのボランティア活動の積み重ねから、大学生たちはそこには話せない声もあるはずだし、話せない理由もあると感じていた。原発をめぐる政治や経済の知識をいくら積み重ねても、福島で起きたことのリアリティが感じられない。それはおそらく情報が無機的な数値やデータでしかなく、そこに人が生きるありようをうまく感じることができないからだ。

だからこそ、大学生たちは福島で原発事故を体験した高校生との出会いに緊張感を抱えていた。起きたことは断片的な知識として理解できる。しかし、自分たちの不用意な言葉や行動で高校生たちを傷つけないかと恐れていたのである。高校生たちは、福島で避難生活や放射線の影響によって不安な毎日を送っているはずだ。彼らが日々どのように感じているのかを想像することはとてもむずかしい。メディアでは風評被害の問題も注目されている。そんな状況の中で、「支援活動ではこうすればいい」というマニュアルはない。具体的なやり方は自分たちで試行錯誤するしかない。とにかく自分たちなりの力を尽くしてみるという気持ちで大学生たちは夏の活動に向かうことになった。

「誰かに応援されている自分がいる」
——２０１１年　勉強合宿

校長先生の激励を受けて

短くも濃密な準備期間を経て、いよいよ夏の勉強合宿を迎えることになった。２０１１年８月３日、当日の朝早くに私は郡山のサテライト校に高校生たちを迎えに行く。そこから高校生たちと一緒に大型バスに乗り栃木県の白鷗大学までの旅となる。

大学生たちは別行動で前日の夜までワボックで最後の準備。当日の朝、直接東京から電車で栃木に向かっていた。その日の午前中に受け入れとなっているＮＰＯ「ライフ」のスタッフと、高校生たちを歓迎するお昼のおにぎりをつくるためだ。慣れない作業に手のひらにご飯粒をつけながらの合宿のスタートである。

一方、11名の高校生たち。朝は約束の時間よりもずっと早めに校舎の前で私を待っていた。玄関先では島先生も校長先生も一緒に待ち受けていた。「おはようございます。おつかれさまです」と話しかけてみるが、生徒たちは初めて会う「大学の先生」にうつむきがち。女子高生たちは夏の制服を着ていて、顔はちょっとこわばっている。数名の生徒がやっとのことで「よろしくお願いします」と言ったきり。それ以上の言葉はない。

出発式では校長先生から、「みんなしっかりと1週間の勉強を頑張るように。大学生の教えてくれることをよく聞くように」と激励を受けた。校長先生の真剣な雰囲気にさらに緊張は高まる。バスに乗り込むにもきちんと整列する姿に「ちゃんとしなきゃ」という気持ちが伝わってくる。バスの中でも、「会場につくまでけっこう時間がかかるからリラックスしててね。おしゃべりしてていいよ」と声をかけたが誰も話さない。お茶を受け取るときも、「あ、すいません」とだけ言ってあとは無言。どうも不安なときには黙るらしい。イヤホンで音楽を聴くのが精一杯だ。

「ようこそ、双葉高校の高校生たち!」

そして、ついに小山市の白鷗大学で迎えてくれた大学生たちと初めての出会いとなった。まずは1階の講義室で歓迎会。黒板には、「ようこそ、双葉高校の高校生たち!」とカラフルな文字が大きく書かれている。机の上には大学生と「ライフ」のスタッフによる愛情たっぷりのおにぎりや手作りおかずがいっぱいだ。大学生がつくった崩れた形のおにぎりがご愛嬌。まずはジュースとお茶での乾杯となった。高校生たちはいきなりのテンションの高い歓迎の場に驚き、顔がきょとんとしている。初めて会う大人がたくさんおり、どうしていいかわからない。

しかし、どんなときでも若者たちはお腹がすく。「さあ、遠慮しないでたくさん食べるのよ」とおばさんたちに促され、とりあえず目の前のご飯をいっぱい食べると、少し落ち着いてきた。その後は自己紹介タイム。高校生たちには、「自分のあだ名と自分を動物にたとえたら何か」というお題が与えられた。まだ来たばかりなのに、みんなの前で全員がいきなり話すように促される。

「え~と、あだ名はガリピーです。部活の先生が名前を間違えたのがきっかけです」「あだ名はおばこーです。名前が小原だからです」。

一人ひとりがしっかりと話す姿は朝の印象とはだいぶ違う。自己紹介のために高校生が自分で描いたヘタクソな絵に、時折笑顔も出てきた。

引き続いて教科の教材を受け取り、合宿生活のオリエンテーションとなった。その後はすぐに勉強だ。はじめに一人ひとりの学力がどれくらいなのか得意な科目や不得意な科目は何かを把握するための小テストである。朝からバスで福島から栃木に来て、オリエンテーションを終えて、3時間近くのテスト。初日からハードスケジュールだ。

歓迎パーティ

その日の夜は、小山市内の「いちごの里」というレストランで開かれた地元の歓迎パーティにも参加した。レストランのオーナーが福島支援活動の一環として夕食を無料で食べ放題にしてくれたのだ。ピザとパスタとデザートで高校生たちの興奮は一気に高まる。何回もおかわりしているうちに、だんだん「普通の高校生」らしい無邪気な表情を見せるようになる。

3年生女子のぺいちゃん。お皿いっぱいに載った何種類ものケーキに笑顔がこぼれる。そんな姿に大学生が冷やかす。

「ぺいちゃん、それ、全部食べるの？」

「食べますよ。もう部活、現役でもなんでもないのに」

「でも勉強がいちばんやせるらしいよ」

「じゃあ、今日はたくさん勉強したから、やせたかな」

「明日から6時間だからもっとやせるよ」

一見無口な男子高校生にも大学生は話しかける。

「お前、現役時代、何部？」

「野球部っす」

「ポジションは？」

「キャッチャーっす」

「じゃ、もう一回おかわりだな」

「まじっすか？」

　高校生たちはそんな会話をしながら初日から大学生たちと打ち解けはじめていた。彼らにとっては大学生が歳の近いお兄さんとお姉さんのように見える。歓迎パーティでは4人の男子学生がスカートをはいてＡＫＢのダンスをステージの上で踊っている。そんなことにものすごく必死になっている。勉強を教えてくれる大学生だから、最初は笑ったら失礼かと思っていたけれど、やっぱりおかしい。だから、ちょっと下を向きながらくすくすと笑う。高校生たちは、大学生って自分たちが思っていたより、全然すごい人じゃないことが少しわかってきた。

　1週間の合宿期間中は高校生と大学生が男子と女子に分かれて、2つの宿泊場所で寝食を共にすることになっていた。大学生のリーダーがその間、生活の責任を負うことになる。宿泊している場所の掃除や洗濯も自分たちでやる。夜は基本的に自習だ。とにかく一日中勉強する予定。渡された「しおり」には、「積極的に大学生に質問してみよう」と書かれている。高校生たちは初日のハードスケジュールでとても疲れていた。しかし、心がなんだか高揚してうまく寝つけない。初めての宿泊場所でもらった学習教材を夜遅くまで何度も確認していた。

とにかく勉強を頑張ろう

翌日からは本格的に勉強のスタートだ。2年生と3年生に分かれて、午前と午後の1日6時間の集中講義である。途中、休憩と昼休みを挟むが、基本的には朝から晩までずっと講義室にこもって大学生と真剣勝負。幸い2つの講義室は静かであり、真夏でも冷房がしっかりしていて勉強するには申し分がない。

通常の高校での授業はだいたい50分単位で行われる。この合宿では、実践問題を解くことを中心に、3時間という時間での集中力を求められた。まずは自分で問題を解く。そして、大学生の解説を聞いて、さらに自分で復習する。初日から高校生たちにとってはまずはその長い時間を連続して考え続けることでひと苦労だ。1クラスの人数も5～6名で少ないし、常に大学生に名前を呼ばれて当てられるのでずっと緊張が続く。

最初のうちは大学生たちも高校生たちの実力がわからない。生徒たちは全然太刀打ちできない問題をずっと解かされることもある。そういうときは、ほとんど何も考えられない。ただ気持ちだけが空回りして時間が過ぎる。授業のはじめに与えられた問題がほとんど解けないとだんだん自信をなくしてくる。もともと勉強は好きではないから苦しくなるし、心も落ち込む。最初は、午前中だけでもうぐったりだ。生徒たちは、「大丈夫かな。このペースで1週間も持つのかな」とやや心配になる。しかし、「遅れた勉強を取り戻すためにここに来たんだ」という気持ちでなんとか食らいつく。

教えるほうの大学生は事前に授業準備はしていた。ノートも一回一回の授業の分を用意してあった。しかし、最初の1〜2日は、個人の力もわからないのでやり方も手探りだ。どれくらい高校生たちが頑張れるのかもよくわからない。模擬授業は重ねてきたが、実際の反応は予想と違う部分もある。当てられると「う〜ん」とうなる。生徒たちから思ったような反応がないとうまく次に進めない。あらかじめ用意していた問題もレベルが高すぎると生徒たちはぼーっとしてしまう。

しかし、2日、3日と時間が経つにつれて、高校生たちも授業のやり方に慣れてきた。みんなの前でも間違えてもいいという感じもわかってきた。当てられたときはしばらく黙ることが多かった生徒も、だんだんと発言の声が大きくなる。わからないときには、「わからないです」と言えるようになってきた。大学生たちも少しずつ授業の工夫をするようになる。科目担当制でメンバーが2名ずついるので、数学などは途中からはレベルに分けて個別に指導する体制に切り替えた。

自分が担当していない空き時間には、授業を振り返って「結局単語がわからないから長文が読めない。予定を変更して長文をやめて単語の覚え方の時間を増やそう」といった修正も自分たちで考えている。生徒一人ひとりに合わせてその日の夜にやる課題も出せるようになってきた。

夜も勉強

夜の宿舎でも引き続き勉強だ。ここでは自習がメインであり、やり方は完全個別指導。高校生がそれぞれ必要なときに大学生に質問をする。最初は「何を聞いたらいいかわからない」という感じだったが、少し慣れてくると「ここはどうやって覚えたらいいいか」という勉強のやり方も聞けるようになった。

答える大学生たちは、効率的に勉強するテクニックに関しては自信がある。ひとつひとつの質問に丁寧にアドバイスをする。また、聞かれたことに答えるだけでなく、「今日中に覚える単語20個」などの課題も出す。夜にはその20個の単語を言って、生徒たちに答えさせていた。「はい、じゃあ、この意味は?」「ちょっと違う。もう一回言ってみて」など単語を何度も復唱する高校生に夜中ずっとつきあっている。「ここの部分は明日の朝にもう一回小テストやるから、それまでに絶対覚えること」と気持ちを鼓舞する。

高校生たちがそれを今日覚えることが大事なのではなく、自分でやると決めたら絶対やるという意志の大切さを高校生たちに伝えたいのだ。この合宿が終わったら高校生たちは福島に帰る。あとは自分の力でやらなくてはならない。そのためには過酷な環境にあっても自分で決めたことをやりきる気持ちを持ってもらいたい。高校生も大学生も睡眠時間はどんどん少なくなっていった。

高校生たちに変化が

そして、合宿も後半に入ると高校生たちの学ぶ態度もあきらかに変わってきた。「今、本気で頑張らないといけない」という気持ちになったのである。自分の客観的な実力を知ったことで「今のままじゃだめだ」という焦りを感じ始めた。そして、同時に「こうやってやればいいんだ」という方向性が見えてきた。

今まで原発事故による避難生活の混乱もあって、じっくりと「自分の力はこれくらい。ここが弱点なんだ」と自分を客観的に把握する余裕がなかった。それが少しわかったことで、具体的に「自分はここを頑張りたい」という気持ちが出てきた。

授業でも、与えられた問題を漠然と解くだけでなく、大学生に「ここの部分の力をつけるためにはどんなことをしたらいいか」という質問をするようになってきた。

「もう無理。どうしよう。こんなにたくさん絶対覚えられない……」

「とにかく単語は何回も見る。トイレにも貼る。ベッドの天井にも貼る」

高校生たちにとっては折れそうになる心をなんとか踏ん張る練習だ。合宿の最後には、苦しいけど24時間勉強への気力を持ち続ける感じがだんだんつかめてきた。隣では仲間も頑張っている。だから自分も頑張るという気持ちになってきた。

フットサルで大騒ぎ

こうして勉強は毎日ずっと続いたが、それだけだとストレスも溜まる。事前に半日ぐらいはスポーツをやるという計画が立ててあった。やったのは5日目のフットサル大会。出場は双葉

高校、早稲田大学、白鷗大学法学部ＯＢのフットサルチーム。白鷗大学チームは「ライフ」の関係者によるチームである。会場は小山市内の昭和電工の体育館。こちらも福島支援として施設の無料提供だ。高校生のフットサルパンツは、スポーツ用品メーカーであるゼビオ社からの協賛だったし、当日はゼビオの社員がドリンク提供に来てくれた。選手のバス送迎は小山市の早稲田大学校友会のメンバーによるボランティアだ。

　当日は、たくさんの地元の大人たちに支えられての大騒ぎフットサル大会となった。ワボックから応援にかけつけた外川事務長も、早々と運動着に着替えている。

　その日は福島から島先生もやって来た。彼は白鷗大学での授業風景はまったく見ないで、双葉高校のフットサル勝利のために「本気」である。「やるなら真剣です」と、ずっとゴールキーパー。必死で足を伸ばしながら、再三の双葉高校のピンチを救う。みんなシャツも汗だくである。

体力では完全に高校生に負けている大学生たちは、なぜか「勝負」となるとおとな気がない。「毎日勉強を頑張っている高校生に華を持たせて負けてあげる」などという発想はまったくない。「絶対に勝つ！」という思いで、いつもはまとまらない気持ちがひとつになっている。息を切らせながらも全力で走る。

それまでずっと勉強ばっかりだった高校生たち。久しぶりのスポーツに身体が躍動する。ゴールが入るたびに、「いえ〜い」と大きな歓声があがるし、ハイタッチもジャンプで気持ちがいい。「走れ〜」「戻れ〜」の応援する声も全力だ。大学生が点を入れそうになると、ときどき高校生たちから「ボールを奪え、大学生の顔にボールをぶつけろ！」と指示がとぶ。

言葉にはしないけれど、合宿では高校生は嫌いな勉強をしなくてはならない苦しさとも闘っている。でも「今は頑張らないといけない」という思いがある。自分達を応援してくれる大学生は大好きだけれど、大学生はつらい勉強をさせる存在だ。そんな複雑な気持ちもスポーツなら大学生にぶつけられる。フットサルでは、「教える」「教えられる」という立場を超えられる。大学生に乱暴な言葉が言える瞬間、高校生は大学生と対等だ。

地元のテレビ取材まで入り、盛り上がったフットサル大会。結局、大学生たちが勝利することになった。帰りのバスの中でも、高校生たちは席から身体を浮かせて「むちゃ、楽しかった」「気持ちよかった」と自然と言葉が出る。その後に宿舎に帰ってシャワーを浴びたら、高校生達の顔に生気が戻っていた。夕食も大盛りのカレーでいつもよりたくさん食べた。「勉強に来たけれど、時間割を見てフットサルをいちばん楽しみにして来た」という男子高生がいた。スポーツを一緒にする時間は関係性もつくる。言葉がなくてもつながれるからだ。

ミニライブで涙する

そして、高校生たちを励ますもうひとつの企画はワボック卒業生によるミニ音楽ライブだった。歌うのは法科大学院生の尾上ふみ。彼女は大学生のときに私と一緒にＤＶ被害者支援の活動をしたメンバー。その歌唱力はセミプロ。大学生のときにはＤＶ被害者女性たちのために歌った経験もある。「ふみ、福島の高校生たちを励ますのに数曲お願い」という私の依頼に、その日は東京からギターを背負って小山市まで来てくれた。彼女が白鷗大学のロビーで休み時間に歌うのはギターの弾き語りでアンジェラ・アキの「手紙」。高校生たちのために彼女が練習した曲だ。

今　負けそうで　泣きそうで　消えてしまいそうな僕は
誰の言葉を信じ歩けばいいの？
ひとつしかないこの胸が何度もばらばらに割れて
苦しい中で今を生きている
今を生きている

手紙～拝啓 十五の君へ～ 作詞・作曲／アンジェラ・アキ

お昼休みの時間に少しリラックスしながらその歌声を聴いていた高校生たち。曲がサビに来ると何人もが泣き出した。中には号泣して顔がぐちょぐちょになっている女子高生もいる。その歌詞とメロディが心の深い部分に届くのだ。自分たちが心の奥にしまってある何かに触れる。いろんな思いが涙となって流れる。自分たちも「なんでこんなに泣けるのかわからない」と苦笑いだ。

ミニライブのあとには、ふみが「自分たちで歌ってごらん」とギターの伴奏をつける。高校生が自分も知っている曲を一緒に歌う。高校生たちの歌声がロビーに響きわたる。女子高生たちは午後の授業も始まる時間になってもふみの周りを離れない。ほんの少しの時間だったけど音楽の持つ力を感じる時間となった。

信頼関係をつくる

こんなふうに勉強したり、音楽やスポーツをしながら24時間一緒に過ごす日々。高校生と大学生の心の距離は日に日にどんどん近くなっていった。最初、高校生たちにとって大学生は「勉強のことをやさしく教えてくれる人たち」だった。しかし、ずっと一緒にいるうちに高校生たちの緊張感がだんだんとれてリラックスしてきた。大学生を信頼するようになってきたのだ。その感じを大学生メンバーのこうたは、こんなふうに言っている。

「高校生に信頼してもらえたと感じた場面について。それは、夏の合宿半ばに、2年生の男子、はんゆうが男子部屋に置かれていた漫画を読みだしたことです。男子部屋は1つの大部屋を勉強用とくつろぎ用の2つに仕切っていて、勉強部屋では3年生が黙々と勉強していたため、いづらかったのもあるかもしれません。しかし、勉強合宿に来ているのに僕たちの前で漫画を読む姿に、彼の素の部分を見ました。それと同時に、僕たちを先生とは違った、家族のような存在として信頼してくれたからこそ、その姿を見せてもいいと感じてくれたのだと思いました」

はんゆうは、2年生で参加した唯一の男子生徒。数学がとても得意だけどあまり人と話さない。いつも下を見ているし自分のことを話すのも得意じゃないタイプだ。休み時間もみんなとちょっと離れて一人で過ごしている。自分の避難生活のことも「家族もいるし、あんまり勉強に集中できる環境じゃない」とポツリともらすだけ。

そんな彼は数学の問題を解いているときはとてもうれしそうだった。難しい問題が解けて「お、すげえじゃん」と大学生に褒められたときにはちょっと照れる。彼は部屋でも同じように数学が大好きな大学生のこうたと二人で時間を過ごすことも多かった。そんな時間を積み重ねることで彼らには、彼らだからこそ感じることのできる信頼感が生まれていた。

一方の女子部屋。女子ならではの信頼関係の作り方がある。

もちろん毎晩勉強もしているけれど、夜になると始まるのは恋バナ大会。まずは、男子大学生たちの格付けである。大学生では誰が一番かっこいいか。もちろん本人たちには言わないけど、みんながその話で盛り上がる。ずっと話し続けるし、だれそれの彼氏問題が始まると会話が止まらない。「え、それでそれで……」。先輩大学生の経験談に女子高生は興味津々だ。まさにガールズトーク炸裂。

晩ご飯の後にスナック菓子と一緒にそんな時間を共有すれば一気に心の壁は崩れ落ちる。高校生も大学生もない。「女子の集団」である。

応援してくれる人がいる

そんな女子の一人。2年の女子高生、おのる。音楽が大好きで双葉高校では吹奏楽部のメンバーだ。白い制服が似合う彼女の与える印象はとても華奢で儚げな雰囲気。話すときもあまり声も大きくなく、可笑しいときにも下を向いてくすっと笑う。恥ずかしがり屋で、みんなの前で話すときは緊張してしまう。将来は、福島で学校の先生になりたい。そのために教育学部を目指している。

そんな夢を語るときの彼女の目はまっすぐだ。原発事故以来、家族で引っ越しをして郡山のサテライト校に通っている。家から学校まではちょっと遠いから毎日電車に乗っている。学校生活で一番辛いのは好きな吹奏楽を一緒だった仲間と思い切りできないことだ。事故以来、思ったように勉強もできていない。でも、自分は将来に向けて勉強を頑張りたい。だから思い切って合宿に参加してみた。合宿でも一生懸命に勉強に取り組んだ。とにかく誠実でまじめなのだ。

そんな彼女は、合宿の間、あまり自分のことを積極的に話したりすることはなかった。大学生とも大学生活や講義のことを話すことが多かった。勉強や合宿の生活をこなすのに精一杯だったから。でも、合宿の最後にみんなで震災について話したとき、彼女ははじめて大学生たちの前で自分の思っていることを伝えようとした。

「福島での毎日がとても不安だった。私たちが毎日こんなに苦しい思いをしているのに、政府とかは政局争いなんかやっている。全然、私たちのことなんか考えてない。何やっているのかって思う。私は福島のことなんか考えてくれる人なんかいないって思ってた。でも、大学生が一生懸命に勉強を教えてくれた。こうやって応援してくれる人がいるってわかったから。だから頑張ろうって思える」

日頃はおとなしいおのるが、その小さい肩を震わせながら必死に話そうとする。伝わっているのは彼女の静かな怒りだ。彼女は怒っていた。怒っているけれどその気持ちをどこにぶつけていいかわからなかった。でも合宿を通じて「頑張ろう」って思える自分がいたから、それを伝えたいと思ったのだ。その場にいた大学生たちも「あんなおとなしかったおのるがこんなことを言うなんて」と驚きつつも、じっとその言葉を聞いていた。おのるが一生懸命に過酷な毎日を生きようとしている。そして、今、その自分を伝えるために力を振り絞っているのを感じたからだ。

そんな時間の後、おのるは大学生メンバーのやまとにメールを送った。それは「自分がプログをやっているから見てください」という内容だった。彼女からメールをもらったやまとはこう感じたのだと言う。

「自分は合宿で高校生の気持ちを聞いて、自分の思いを述べているときに泣いてしまいました。僕は、その時まで泣くことは恥ずかしいことと思っていたり、嫌われないように当たり障りないよう人付き合いをしてきたりしていました。おのるからのメールは合宿で思い切り体を張って楽しませることや感情を表現することなど、自分をさらけ出すことで相手が安心してくれたのだと感じた瞬間でした」

高校生たちは自分の心を開こうとした。抱えていた気持ちを表現しようとした。自分たちのために感情をあらわにする大学生たちの姿があったからだ。そこに生まれていたのは、「話しても大丈夫。受け止めてもらえる」という安心感だった。

そして、最終日

合宿も最終日。みんなでこれからの目標を言って終了式となった。高校生たちは「夏休みの間に英単語を200個覚えます」。女子大生は「秋までにダイエット。3キロやせます」。こうしてすべてのスケジュールが終わったあとは、「ライフ」のスタッフに見送られ、高校生と大学生は一緒に郡山のサテライト校までバスで再び移動した。郡山で生徒たちを待つ校長先生と島先生に報告会をするためだ。

初日にはバスの中で一言も話さなかった高校生たち。帰りは小学生の遠足状態である。バスの中はひっきりなしの笑い声。女子高生たちは「フットサルに来ていたゼビオのスタッフがかっこよかった」の恋バナが止まらない。高校生たちは大学生たちに身体を寄せてくっついて座っている。

郡山のサテライト校では、さっそく報告会。会場を準備してくれていた先生たちも無事に帰ってきた高校生たちの顔を見てほっとした表情を見せる。報告会では高校生一人ひとりが「勉強頑張れました」と言葉を述べた。先生たちも大学生もうれしそうだ。

大変なのは報告会が無事終わった後のお別れだった。

高校生たちが別れを惜しんで大学生と抱き合ってまたしても涙があふれる。女子高生たちが立ちすくんでずっと玄関から離れられない。

大学生リーダーのゆうひが「大学生が行かないと高校生も帰れないから行こう」と声をかけて、やっとの思いで帰路につく。その後は大学生たちも口数が少ない。「なんかほっとしたけど、寂しいよな」とつぶやきつつホテルへと向かった。1週間の勉強合宿も無事終了だ。

合宿で得たこと

そして、夏の合宿から1カ月後。福島の高校生たちは大学生に宛てて手紙を書いた。

「私にとって今回の勉強合宿は忘れられない思い出になりました。思い出になっただけではなく、少しばかり私に変化がありまして……勉強がんばるよーになりました。ほんの少し勉強時間が増えただけですが」

「あの1週間のことを私はずっと郡山に帰ってきても考えていました。勉強だけでなくて、もっとたくさんのことを学ばせてもらいました。一人で生きているんじゃなくて、みんながみんなに支えられているんだなあと思いました！」

「ウチらが経験したこと、思ったことを話した時、大学生は真剣に聞いて一緒に泣いてくれて、本当に話してよかったと思いました。別れが本当に辛かったです。家に帰りたくなかったですもん」

合宿から少し時間が経って、福島での日常生活に戻っている高校生たち。まだまだ厳しい環境の中で毎日を送るのに精一杯なのだけど、ふとしたときに夏を思い出す時間がある。「誰かに応援してもらっている自分」を感じる瞬間。自分の今を知ってもらいたい。伝えたい。あのときの大学生に手紙を送りたいと感じることのできる自分。それが夏の1週間で高校生たちが得たものだ。
手紙を受け取った大学生たちも夏が過ぎ、すでにキャンパスの日常に溶け込んでいる。しかし、チームではミーティングを重ね、何度も夏の合宿を振り返っていた。自分たちが経験した時間の意味を言葉にしていく作業が始まっていた。「福島」を考え続けていたのである。そうした中で、メンバーのやまとは合宿レポートを書いた。

原発事故の中で高校生は誰を信じればいいのかわからなくなっていたのです。しかし、一緒に勉強する1週間の生活で、高校生にとって失われていた信頼が大学生との間に生まれました。拠り所のできた彼らがこれから自分だけで頑張るのではなく、自分たちを支えてくれる存在を感じることは将来の道を開く力になると思います。その意味で高校生と信頼関係を結ぶことには意味があったのです。また、私にとっては被災者に寄り添って信頼関係を結ぶという自分の中では新しいボランティアの形を見出しました。彼らのような当事者にはなれませんが、信頼を築けたからこそ、彼らの抱えていたやり場のない気持ちを共有して、苦しみの負担を減らすことはできました。そのことによって、私は東京と福島の距離が縮まったように感じたのです。高校生とのつながりはこれからも続いていくでしょう。その意味で、一時的ではない継続的なボランティアを発見できたことは私にとって大きな学びでした。

大学生たちは、これからもあの高校生たちと関わり続けていくと感じていた。終わりじゃなくて、これからも続いていく関係性。そこに価値があると思っていた。これからどういう形になるかはわからない。でも、自分たちはやり続ける。大学生たちにとっては、夏の合宿をプロセスとして次の挑戦が始まっていた。

「自分には一緒に頑張る仲間がいる」

——2012年　勉強合宿

2011年　冬の学習支援

2011年も年の瀬に迫る福島。大学生たちは大雪の舞う郡山駅前でバスを待っていた。男子学生たちが東京からは想像もできない雪と寒さに思わず近くのコンビニで軍手を購入する。道はうっすらと表面が凍っている。「さみっ」と言ってみるも、ヒートテックなしで身体の震えは止まらない。女子学生たちはさすがにスカートではなくてジーンズにマフラーである。6名の大学生が向かうのは双葉高校の郡山サテライト校。高校生たちに向けたクリスマス明けの冬季集中講座をやる予定だった。3日間の日程で夏の勉強合宿に参加した生徒たちを対象に、最後の追い込みをサポートする活動だ。

もちろん、3日間ぐらいでは実質的な学力向上はそんなに期待できない。どちらかと言うと「みんなが最後までしっかりやれるように応援しにきたよ」というメッセージを伝えることが目的だ。サテライト校に近い最寄りのバス停を降りた。道は氷でつるつるして危ない。滑らないように大きなカバンを抱えてそろそろと大学生たちが校舎に向かう。「いやあ、吹雪は寒かったでしょう」。玄関では島先生が笑顔で迎えてくれた。この3日間のためにわざわざ控え室に大きな石油ストーブが借りてあり、コーヒーとお茶のセットが準備されていた。ストーブに注ぐ灯油も島先生がせっせと運んでいる。

夏の合宿から4カ月ぶりに会う大学生と再会する高校生たち。制服も夏服から冬用の厚手の黒に変わっている。試験も目前に迫っている焦りもあるのか表情が心なし硬い。「きゃ〜、久しぶり〜。元気でしたか」という再会ドラマを期待していた大学生はやや拍子抜けだ。それでも高校生たちは、久しぶりに顔を見る大学生たちに少し恥ずかしそうに近づいてくる。

支援活動のやり方については、今回も2年生と3年生を分けて実践問題を中心とした集中講座が計画されていた。試験が近いことがあり、夏にはやらなかった理科や社会の時間もある。それぞれの選択科目別に冬休みの勉強の仕方をアドバイスする時間をたっぷりとってある。

大学生たちは自分たちが高校生のときに使ったノートも持ち込んでいた。冬休みは具体的な進路によって科目の力の入れ方が違う。そのために、時間割は自習時間を長くして試験までに残された時間をどう配分して効率的に準備をするかという個別アドバイスが中心である。初日、高校生たちは個別に勉強のやり方についてのアドバイスを求めていた。避難生活の影響から最後まで高校の授業では終われていない科目がある。「まじ、世界史は時間が足りない。暗記のポイントを絞るとしたらどのへんですか?」というような質問だ。

しかし、最終日には質問内容は「もう間に合わないかもと不安になってきたけど、どうしよう」「本番で緊張しちゃったらどうしよう」というような心の相談になっている。そんな質問に大学生たちは「今まで頑張れたのだから、あとは自分の全力を尽くせばいい」と励ます。高校生たちは「そうっすよね」となんとか頷くだけだ。そんな不安を抱えながらも講座の期間中、高校生たちは毎朝、授業の開始時間よりもずっと早い時間に来て大学生を待っていた。自分たちのやりたいと思う気持ちをそういう行動で大学生に伝えたいのだ。

終了証は手作りの色紙

今回の支援活動はたった3日であるために、大学生たちは勉強を教えることよりも、「何をして高校生たちを励ますか」に頭を絞っていた。アイディアのひとつが一人ひとりに色紙を贈るという活動だ。3日間の間にひそかに高校生たちが教室で勉強している姿を写真にとる。その写真を真ん中にして周りのスペースに大学生たちが応援メッセージを書くという企画だ。

夜に市内の宿泊施設に戻ってから、大学生たちが近くのコンビニで現像した写真を切り取り、ミーティングを終えた部屋でメッセージを書く。そのために色ペンも持ち込んでいる。大学生たちがベッドに寝転がりながら、高校生一人ひとりの顔を思い浮かべる。「夏には数学が苦手だったけど、そのあと頑張れていることがわかりました。ちゃんとできるようになっているから安心してほしいです」。そんなメッセージが書き込まれる。

そして、3日間の講座を終えた最終日。終了証としてこの色紙が渡された。高校生たちは、「いつこんな写真とったの？」とびっくりだ。書かれているひとつひとつのメッセージを読んでいるうちにポロポロ涙が流れる。サプライズは成功。さらに大学生たちは島先生へもピンクのハート型色紙を用意していた。これまで本当に大変だったのは生徒たちを日々支えている島先生ということが、大学生たちにはわかっていたからだ。男子メンバーから色紙を受け取った島先生。「僕は今まで数え切れないくらいの色紙を生徒からもらいました。それはすべて津波で流されました。この色紙はそれからもらった最初の一枚です」とお礼の言葉。今度は大学生が泣きそうだ。

終了証を渡した後は、郡山のサテライト校の先生たちが2台の車を用意してくれ、市内のレストランに移動した。島先生が「どうしても大学生たちに食べさせたい店がある」ということで串焼きのお店で打ち上げをすることになった。注文して出てきたのは分厚いお肉に大盛りのご飯。前のめりになった大学生たちの目が輝く。どんぶりご飯は大盛りなのにさらにおかわりだ。どっちが励ましにきたのか励まされているのかがよくわからない。

大学生たちは、お腹いっぱいで東京へ帰ることになった。帰りの新幹線の中ではすでに高校生からお礼のメールが届く。「来てくれてありがとうございました。試験もうすぐだけど全力で頑張ります」

こうして冬の活動は終了。あとは彼らの最後の頑張りを祈るだけだ。

新校舎で新学期を迎えた双葉高校

その後、3年生たちの進路も決まり、2012年3月、双葉高校では3年生の卒業式が行われた。無事に卒業生を送り出した先生たちは、ほっとする間もなく新学期に向けた準備の時期である。そのころ双葉高校では4つのサテライト校が再度ひとつにまとめられる計画が進んでいた。場所はいわき市内にあるいわき明星大学キャンパスの一角。それまで「間借り」していた4つのサテライト校を閉鎖して、生徒をひとつの場所に集めるという計画である。

福島県内のそれぞれのサテライト校で学んでいた生徒たちは、別の高校に転校するかいわき明星大学の校舎に通うかの選択を迫られていた。2012年4月、最終的にいわき明星大学内に設置された双葉高校の新校舎で勉学を続けることになった生徒は、3年生68名、2年生35名、1年生16名、合計119名となった。新しい場所と校舎での再出発である。生徒の数も減ったため、先生たちの数も少なくなっていた。また、校舎は双葉高校以外に双葉翔陽高校、富岡高校との3校が合同でひとつの建物を使用するというやり方だった。各階ごとに各校の校舎が分かれている。教室と職員室は別々、会議室などは共同だ。

4つに分かれた校舎がひとつになったけれど、いわき市内は原発事故以来、県内から避難した人で慢性的に住宅が足りない状態になっていた。そのために新しい校舎に通うために両親と離れ離れになる生徒も多く、119名のうち49名がいわき市での寮生活となった。寮といっても市内の3つの民間旅館を借り上げたものであり、畳の部屋に相部屋。落ち着いて勉強ができる机も足りない。高校生によると「プライバシーがまったくない」という環境である。

2012年　夏の岩手合宿の準備

一方で、2011年から学習支援をしてきたワボックの大学生チーム。前年度の大学生メンバー6名のうち2名が2012年3月ですでに卒業していた。その後、メンバーを新しく募集して、1年生の女子学生2名が加わっていた。4月からは、新しいメンバーと体制で2012年の活動をスタートさせた。学生リーダーもゆうひからやまとに引き継がれていた。その年は、福島県内の避難所の様子も大混乱から少し落ち着いた状態にあった。そのためにチームとしては栃木県のシェルターではなく、公的な施設を利用して全員一緒に宿泊できる場所での計画を練っていた。

そこで選ばれたのが岩手県にある青年の家である。期間は同じように夏の1週間。

すでに昨年度の活動実績があるので、ベネッセからの教材提供も早くから決まっていた。高校生に勉強を教える方法論も昨年度からの蓄積がある。前年度の活動経験者が4名いるので、そのメンバーが先輩として新たなメンバーへ指導するという形で準備が進められていた。高校生の力がどれくらいなのかだいたいの想像がつくので、具体的な計画も立てやすい。リーダーを中心に模擬授業の指導も自分たちでやる。

「そこは答えを言わないでもっと考えさせる時間をとったほうがいい」

「言葉で説明するよりも、それは絵と矢印のほうが伝わるはず」

先輩メンバーたちのコメントも、実際に教えた経験から具体的だ。科目担当制も引き継がれており、上級生と1年生が2人で科目のチームをつくった。昨年つくった自分たちの授業ノートも引き継がれている。

また、合宿のスケジュール案作りでは、音楽やスポーツもたくさん入れた。スポーツで身体を動かしたり、歌ったりする時間が高校生たちにとって心を開くためにとても大切だということを学んでいたからだ。うまく言葉で自分を表現できない高校生にとっては、身体で表現できる方法には特別な意味がある。

さらには高校生たちが積極的に自分のことを話せる場をつくるためにキャンプファイヤーのアイディアも新しく取り入れられた。毎日厳しい生活をしている高校生たちと一緒に炎を見つめる時間を共有したい。それは福島の日常から離れた非日常の時間としてきっと心に残る経験になるはずだ。大学生は、人が火を見つめることの意味も時間をかけて話し合った。そして、今回の1週間の活動目標は「高校生たちが一人じゃないって思える時間をつくる」と決まった。

人里離れた豊かな自然の中で勉強する

そして、2012年8月4日、2年目の夏合宿がスタートである。早朝にいわき市のいわき明星大学まで大学生と私が電車で行く。校舎の前で双葉高校の先生たちに見送られ、激励の言葉をもらう。その後明星大学から高校生と一緒にバスに乗りこんで岩手までの移動となった。

参加する高校生は12名。3年生が7名、2年生が5名である。

福島から岩手まで東北道をひたすら北上する大型バス。途中で何度か道路工事のためにバスが渋滞に巻き込まれる。「震災の影響で道路を直しているんです」という運転手さんの説明。「そうか、まだ東北では復興は進んでいないんだ」と3・11に思いをめぐらせる。高校生たちは途中の休憩場所できゅうりのつけものを買っている。昨年度の合宿経験者もいるし1年前の出発よりはずっとリラックスした雰囲気だ。「お昼は何を食べるんですか?」。昨年度も参加した3年生は、すでに顔見知りの大学生にバスの中でも積極的に話しかけていた。

こうして到着した施設の場所は、栃木の小山市とは違い人里離れた自然の中。周りにはグラウンドと畑以外に何もない。いちばん近いコンビニまで車で20分もかかる。1週間の間「下界」から隔離された状態で高校生と大学生だけで勉強する。

食事は3回とも施設のカフェテリア。ご飯のおかわりは自由。施設は体育館もついているし目の前はサッカー場。地元の高校の体育会が合宿をしていたり小学生がサッカーをしに来たりという環境だ。大学生たちにはちょっと刺激が少なすぎるけど、高校生たちが勉強に集中するには悪くない。とにかく高校生が勉強するんだという気持ちを持つことがなにより大事だ。

施設の中で勉強するのは2階と3階の会議室。1階の宿泊棟からつながっていて移動の時間がないのは楽チンだ。

勉強内容は昨年度のやり方を基本として、初日から3年生はとにかく毎日実践問題を解く。そのあとに大学生が解説をしていくパターンだった。集中して実践問題に触れる3年生の問題はかなりレベルが高い。「3年生なんだからここまでは絶対夏休み中に覚える」という大学生の声も自然と大きくなる。

これまで実践の問題を解いた経験のない生徒にはかなり苦戦だ。「う〜ん」と唸りながら問題に向かうが、解説の途中でうとうとしてくる。頭の許容量が限界に達して疲れてくると、机に突っ伏して、しばらく起き上がらない。「さて、いくか」という大学生の声になんとか立直すの繰り返しだ。途中にお菓子やジュースの休憩を挟むが、3時間の授業はきつい。それでも、「今、やらないといけない」という気持ちはある。毎日、気力をふりしぼる。

一方で、2年生については、今年の合宿では問題を解くという時間よりも楽しく勉強することに工夫を凝らしていた。今回は「古典単語カルタ」「数学クイズ」など、大学生たちは事前に2年生向けにオリジナルな手作り教材もつくった。そんなゲーム要素を取り入れた時間に2年生たちは大喜びである。床に座ったり、黒板に自分で書き込んだり。声を出して身体を動かす授業が楽しい。

夜も部屋に帰れば3年生たちは自習だ。上下2段の自分のベッドに寝転びながらその日にやった問題集とノートを開く。復習していたつもりが気がついたら眠ってしまうときもある。

ときどき夜遅くに「はっ」として起き出し、思い立ったようにノートをもう一回開いている。部屋ではそんな高校生に大学生が「どこか、わからないところある?」とやさしく声をかける。そして、夜に一緒のベッドで隣に腰掛けて一緒に問題を解く。高校生にとっては大学生に身体をあずけて説明を受けるのがちょっとうれしい。

なにげない時間にこぼれる言葉

自然が豊かな場所で日課となったのが早朝の散歩。体操したり、近くの神社に行ったりで頭をしゃきっとさせる。朝は暑さも厳しくないので気持ちがいい。毎日、夜遅くまで起きている高校生も大学生も寝起きはあんまりよくない。

朝にみんなでぞろぞろ歩いていると、なんでもないおしゃべりが弾む。農道を歩きながら高校生が「周りに畑しかないって福島の自宅みたい」。セミの抜け殻にむじゃきに喜ぶ大学生たちを見ながら、高校生が「そんなのうちの庭にいっぱいあるよ」と苦笑い。

こんな時間に高校生たちはふと自分のことを話す。

「福島を出るかどうかで、おじいちゃんと両親が毎日ケンカしているのが辛い。おじいちゃんが避難区域にある自宅に戻るのを夢みるのはわかるけど、もうそこには戻れないって家族はわかっている。でも私からは何も言えない」

散歩のあとはみんなで宿舎の掃除をしてからカフェテリアで朝ごはん。隔離生活で楽しみがあんまりないので、ご飯のメニューは日々の話題になる。朝食でも「バナナが出た」とか「ヨーグルトがついた」はけっこう重大問題だ。

夕方には2年生がフットサルをする。毎日、晩ご飯の前に汗びっしょりになって走る。「部活もないから学校生活の中であんまり楽しいことがない」と言う2年生の男子5人にとって、合宿中でいちばんの楽しみの時間となった。夕方3時を過ぎた頃には、「あと何分でフットサル」という雰囲気だ。

夜は部屋では勉強よりも大学生とトランプをする。トランプをしながら2年生の男子たちが話すのは、クラスの友達のこと。「こんな面白いやつがいる」、「こんな面白い出来事があった」ということを一生懸命に大学生に話す。大学生にはよくわからない自分の友達のことを楽しそうに話そうとする。そんな会話の中で「今、いわきでの寮の生活は結構きつい。寮では肉が食べられないのが辛い」、「辛いときには一人で海に行く」とぽつりと本音をもらす。

大学生は親切に勉強を教えてくれる。でもいちばんうれしいのはスポーツとかトランプとか楽しいことを一緒にやって自分の話を聞いてくれる時間。施設では本当は禁止だけど夜中も遅くまで一緒に起きている。夜の談話室では兄のいない女子高生が、好きな芸能人やお気に入りの本の話をじっと聞いてくれる大学生に「お兄ちゃんみたい」とつぶやいた。自分を見てくれる人とただ一緒にいるのがうれしいのだ。

みんなで一緒に入るお風呂の時間も貴重だ。湯船の中は心がゆるくなる。

女子高生が話し出す。「小さい妹がいるんです。その妹が、お姉ちゃんが1週間もいなくなるって寂しくて泣いて困ってしまいました。ここに来るのに別れるのはすごい悲しかったけど、お姉ちゃん、勉強頑張るからって言い聞かせてきたんです」。はにかんだ笑顔で伝えてくれるのは家族や友達の話。

「勉強ホント嫌いだから超不安。私、頑張れるかな」という素直な気持ちが出るのもお湯の中だ。

震災から1年以上経って、高校生たちは日々の生活を取り戻しつつある。福島で勉強する環境も整ってきた。彼らは今、悲しくてどうしようもないというのでない。自分のことを話したら苦しくて涙があふれるというわけでもない。

でも、自分の地域や学校、そして、家族の中にはそれまでなかった見えない溝がある。その距離は彼らの力では簡単には埋められないし、心の中には日々少しずつ積み重なっている傷がある。高校生たちは、そんな痛みを、心を許した大学生たちとのなにげない時間に少しだけ見せる。

最後の夜はキャンプファイヤー

こうしてなんとか今回も1週間の勉強スケジュールをこなした。最後の夜にはみんなでキャンプファイヤーをやった。これまでキャンプファイヤーをやったことがない高校生もいる。会場は宿舎から懐中電灯を持ちながら歩いて10分程度。「虫がいるから長袖も忘れないでね〜」。会場の周りは一面の深い森。オレンジ色の夕日が沈むと木々の影と暗さだけが迫ってくる。星も高くてきれいに見える。大学生が高校生に声をかける。夕暮れ時に向かう心はかなりワクワクだ。会場の周りは一面の深い森。オレンジ色の夕日が沈むと木々の影と暗さだけが迫ってくる。星も高くてきれいに見える。大自然の中にいる雰囲気も盛り上がる。

薪で組まれたやぐらにまずは点火の儀式。布をまとった聖者に扮する大学生リーダーのやまとが、トーチから厳かに火をつける。燃え上がる炎に歓声があがり、夜の闇の中でパチパチという木が燃える音だけが響き渡る。高校生たちは火の周りに座りながらじっと身を寄せ合っている。

ときどき「ぼーっ」と音を立て燃え盛るやぐらに薪を足しながら企画がはじまった。司会の大学生の掛け声で「マイムマイム」の踊り。高校生も大学生も練習していないから動きが全然合わない。しかし、それが可笑しくてみんなの笑いがはじける。隣の人と手をつなぐのもちょっと恥ずかしいけど、ちょっとうれしい。合宿の中で音楽の時間に覚えた歌も一緒に歌う。大学生が高校生のためにつくった曲だ。

「道標《みちしるべ》」

季節はずれの　雨に打たれ
ふと気付くのは　強がりの僕
不器用にしか　生きれらない

うまく言えない　伝えたい想いも

自分という　心の　線引きをまたいで
見えない不確かなものを
探し続けてもがいている

続くこの道　その交差点で
迷い立ち止まるけど
めぐる日々を見つめながら

走る僕は　この心が　ただ示す通り

炎だけを見つめる高校生たち。みんなで歌ったら胸にこみ上げてくるものがある。1週間の合宿のこと、福島でのこと、いろんなことを思い出す。闇に浮かび上がる炎は、今、自分が生きていることを伝えてくれる。樹木が燃える力が人間の生き抜く力と共鳴する。毎日が不安だったり、不確かさの中でもこの瞬間は自分がここにいるという実感が沸いてくる。

キャンプファイヤーの最後は、高校生が一人ひとり自分のことを話す時間だ。立ち上がってマイクを受け取った生徒たちが話し出す。

昨年も2年生で参加していたおのる。

「3年生になってから忙しくて、全然勉強とかできてなくて。あっという間に夏休みになって、ものすごく焦ってました。図書館とかで一人で勉強していると、頑張っているのは自分一人って思ってすごく辛かったです。でも合宿参加したら、友達とか2年生とかもすごく頑張っているって思ったし。大学生とか自分のことを応援してくれる人がいるなって思って、これからも頑張ろうって思えました」

3年生になってはじめて合宿に参加したかなえ。

「私は合宿に来る前は具体的な目標とかは全然なくて、とりあえず参加してみました。でも、合宿を通じて自分を元気づけてくれたり、励ましてくれたり、楽しませてくれる人が周りにたくさんいて、今の自分があることに気がつきました」

2年生男子のけんたろう。

「実は、僕は先生に言われてこの合宿に来たんですが……。4月から新しい校舎に行くようになって、そこではじめて2年生で顔を合わせたんですけど。僕はあまりそれから学校では自分の素を見せることができなくて。この合宿で共同生活をしてみたら自分の素を出せて、ここに来て仲間ができた気がします」

けんたろうにとっては大学生が勉強を教えてくれたことはうれしかった。勉強もしっかりやりたいと思えた。でも、もっと大事だったのは「自分には仲間がいる」と感じたことだった。本当は福島でも隣でずっと頑張ってた人がいる。でも自分のことで精一杯でそのことに気づけなかった。毎日を生きるのがそれだけ大変なのだ。でも、「辛い」って言うことも難しい。それを言う場もなかった。だから、合宿に来て自分を出せたことがうれしかったのだ。

明日からは福島に帰るけど、そこには仲間がいる。夏のあのとき炎の前で感じた「一人じゃない」という実感。それは福島の日常に帰っても心の中に残るはずだ。辛くなったらそれを思い出せばいい。

最後にキャンプファイヤーもやぐらの火をホースの水で消したら現実に戻ってきた。高校生たちは懐中電灯で足元を照らしながら宿舎に帰る。そのあとは眠れるわけがない。高校生も大学生も夜中に談話室にぞろぞろと集まってくる。最後の夜も「もう寝なさい」と施設の人に言われるまでそこにいた。

別れ

翌日の午前中は終了式だ。大学生が合宿中に撮影して編集したビデオ作品も上映した。映像には、お風呂場で裸になって洗面器踊りをやった高校生と大学生男子たちのシーンが映る。内容があんまり馬鹿馬鹿しくてみんなが大笑い。映像を見ながら、1週間、厳しかった毎日の勉強を頑張れた自信と仲間を感じた瞬間をもう一度確認する。あとはバスに乗っていわきに帰るだけだ。バスの中では高校生たちは爆睡。足を通路に投げ出して身体が椅子から落ちそうになっている。眠っていたらあっという間に福島だ。

今回も双葉高校では島先生が待っていてくれた。「よく頑張ったな」と声をかけられた高校生たちもほっとした表情だ。その後は会議室で報告会。校長先生に1週間の報告をする。「途中で帰りたくなったけど、とりあえず最後までやりました」。生徒たちの言葉に先生たちがうれしそうだ。大学生たちが、高校生がどれだけ毎日真剣に勉強したかを説明しているときには、高校生から「ホントか？」と笑いが出る。すっかり緊張が解けていることが先生たちにも伝わっていた。合宿で覚えた曲「道標」も歌った。島先生がしんみりと高校生たちの歌声を聞いていた。報告したあとは解散。数名の生徒たちの保護者が車で迎えに来ていた。高校生が車の窓をあけて、大学生に必死に手を振ってくれる。「またね～」の声がキャンパスに響き渡っている。帰りには何人かの高校生と大学生たちはいわきの駅前まで一緒のバスに乗ることになった。いわきの駅前についたらみんな笑顔で「じゃあね、またね。元気でね」とお別れだ。

そのときになってそれまで普通にしていた女子高校生の一人が突然泣き出した。大学生と別れたくないという気持ちをずっと我慢していたのだ。「大丈夫だよ」と女子大生に抱きしめられたらちょっと落ち着いた。高校生たちは辛くて、うれしくて、悲しくて、いろんな気持ちがたくさん溢れてくる。感じることがいっぱいある。でも、言葉にならないから涙が出る。

大学生たちも、「今夜は下界で飲むぞ～」と言いながらも、今、別れた高校生たちのことが気にかかっている。「あとは彼らの力を信じる」とメンバー同士で言い聞かせながらその日の宿舎に向かっていた。2年目の活動も無事終了だ。

「一人じゃない」「仲間がいる」

その年も1カ月ほど経って、東京に帰った大学生たちに高校生から手紙が届いた。

キャンプで「一人じゃない」って思えたおのる。

「私は、国語の評論が嫌いで嫌いで嫌いで、苦手で、苦手で、苦手で……。だけど合宿の授業で色ペンで対比のところに印をつけたら結構理解できたんです。夏休み中も何問かやったんですけど、蛍光ペンで工夫しながらやったらちょっとだけ評論が嫌いじゃなくなりましたよ♪色ペン作戦使ってもっともっと点数とれるように頑張ります！」

今年は3年生になって夏を過ぎたらいよいよ勉強一色の生活。今は、最後までやれる気持ちになっている。

同じように去年から2回目の参加の3年生みーちゃん。

「去年と同じように合宿に参加してみたら、1年間でだいぶ気持ちが変わっているのがよくわかりました。全く余裕がなくなって、ああもう去年とは違って受験生なんだーって感じがして。でも同時にこの合宿で自分の近くに頑張っている人達がいることがわかって、この仲間と一緒に頑張ろうと思えるようになりました」

まだまだ環境は厳しいけれど福島へ帰っても自分が今やるべきことをやろうと思えている。みーちゃんも「仲間がいる」って感じることができている。一枚一枚手書きで書かれた文章からはそのことが伝わってくる。

思いやりをもてる人間になりたい

大学生たちもまた夏から少し時間がたって考え続けていた。東京に帰ってきてからのミーティングも続いていた。今回、大学1年生としてはじめてボランティアに参加した女子メンバー、はんちゃんは活動報告レポートにこう書いている。

「この夏、福島の高校生と勉強合宿をしました。その中で勉強だけでなくスポーツや音楽もしました。そこで出会った12人の高校生たちは故郷を失い、震災から1年以上経った今でも、辛い思いを抱えながらすごしています。しかし、そんな生活の中でも、それぞれが夢を持ち、少しでも前に進もうとしていました。昨年まで同じ高校生だった私からは考えられないくらい強さや思いやりを持っていて、私にとって衝撃的な出会いとなりました。その出会いから、自分自身をもっと成長させたい、人間として強く、周りに思いやりをもてる人間になりたいと感じています」

原発事故から時間が経ち、メディアの報道もだんだん少なくなってきた福島の現実。双葉高校では一緒に学べる校舎が整い、食事が提供される生活はできるようになっていた。しかし、高校生たちの日々の困難が解決されているわけではない。心の傷が癒えているわけでもない。

福島には見えない痛みや聞こえない声がある。だけど、希望もある。

活動する中で大学生たちは、これまで継続して高校生たちと関係をつくってきたことに意味を見出していた。そして、福島の高校生との関わりを通じて大学生一人ひとりが「自分はどう生きるのか」という問いに向き合い続けていた。

２部　大学生が向き合ったこと

たかひろ〈就活問題〉に取り組む

「仕事を通じて社会にどう役に立ちたいのか」

企業協賛を担当

「得意なものは何？」という私の質問に、「料理が得意です。魚は三枚におろせます」と答える男子学生。ファッションもイマドキ風のたかひろは教育学部の3年生。聞けばバイトはデパ地下のお惣菜売り場。照れもせずに、女性がイキイキと働いている場所が好きだと言う。そんな彼はいわゆる草食系男子なのかというとそうでもない。高校時代はバリバリの体育会。ヨット部でセーリングに夢中になっていたし、大学でも空手サークルに入っていた。小柄だけど爽やかで肩にあまり力が入っていない。茶髪がとても似合って、常に何事もそつなくこなせるバランス感覚を感じさせる。

たかひろは3年生になったばかりのころにチームにやってきた。彼は福岡の出身。18歳のときに東京生活に憧れをもってやってきた。最初はちょっと一人暮らしが寂しかったけれど、いわゆる大学生らしいことはやってみた。サークルも飲み会もそれなりに楽しかった。友達もできたし彼女もできた。でも3年生になって「大学で自分が本気でやったと言えることがない。何か自分が達成したと感じる経験がない。ひとつでいいから自分が力を尽くして誰かのためになって達成感を感じたい」というのがボランティア参加の理由だった。

２０１１年の新学期、彼に最初に与えられた役割は、「企業協賛」。高校生との勉強合宿で役に立つ商品を企業に提供してもらう渉外の責任者になった。まずはミーティングで高校生が喜びそうなものをみんなで考えた。そして、お菓子と花火を会社から提供してもらうという目標を立てた。まずは、どんな会社がどんな理念を持ってその商品をつくっているかを調べ上げ、企業に依頼書を送る。さらには企業に電話をして、場合によっては担当にプレゼンテーションをするという作業だ。

企業協賛活動では、相手が自分の会社の商品を提供したいと思える文章力や語りの力を問われる。はじめてやるのでかなり苦戦したが、何度も私の修正を受けながら、彼は果敢に取り組んだ。結果、何社も断られながらも、最終的に自分の故郷の福岡の企業から1週間分のお菓子の協賛を受けることができた。花火も大量に提供してもらうことができた。彼がチームではじめて、自分の力でみんなのために貢献し、自分にできることがあると自信をつけたステップだった。この経験は自分が社会に直接かかわるという最初の機会ともなった。

そんなプロセスを経て、彼は２０１１年の夏に初めて福島の高校生支援をすることになる。

この活動では、たかひろは彼なりに高校生のために力を尽くした。もちろん、英語教科の責任者となって授業の準備もしっかりやった。やったのは勉強を教えることだけではない。男子の宿泊部屋では、高校生に少しでも喜んでほしいという思いで得意な料理も頑張った。高校生のために自分たちで作った晩ご飯のカレーのときは、一人ひとりに目玉焼きを焼いた。心を込めてカレーの上にひとつずつ乗っけていた。それが彼なりの方法でできる精一杯のことだからだ。卵の乗った大盛りカレーを見つめる高校生たちのうれしそうな顔があった。

そして、合宿では高校生の原発事故への思いを聞くことで衝撃を受けた。福島の男子高校生が話した、「家が避難区域となって死んだ父親の位牌を取りに行くこともできない。俺の人生は終わっている」という言葉に胸が詰まる。たかひろは「高校生が自分の人生が終わっていると言うなんて辛すぎる」と大きな目に涙を浮かべていた。

誰かのために働こうという軸

年が明けて、2012年の冬から春にかけて、たかひろは本格的に就職活動に取り組むことになる。夏の高校生たちとの出会いは、彼にとってはひとつの大きな経験となっていた。そこから、自分は将来どう働くのかという問いに向き合いつつの就活である。高校生たちとの時間を振り返り、チームのメンバーとも何度も議論しながら、自分にとって本当に大事なことは何かを突き詰めて考え続けた。

一方で、大手企業に行くのが幸せ、そこに受からないのは負け組という価値観に捉われる自分もいる。そうしたせめぎ合いの中で苦しくなりつつも、最終的には故郷の地元銀行に決めた。その選択も自分なりに納得した。

その後、就職先も決まった2012年春からは、たかひろは4年生としてチームの活動を引っ張る役割を担うことになった。その年の夏に行った岩手の夏合宿は、彼にとって2回目の夏の学習支援活動になった。そこでも彼は、後輩メンバーに企業協賛のやり方を教えたり、1週間の全体計画をつくるなどの活動を積極的に行った。

こうして2011年、2012年と2回の夏の学習支援活動を経て、たかひろは2012年の秋に早稲田祭での活動発表の担当となった。卒業前の集大成という位置づけである。チームメンバーと議論を重ねる中でたかひろは、大学4年生として、3年生のときに自分のやった就職活動を見つめ直し、自分がこれから社会で働くことについての問いに再び向き合っていた。

「僕は、今、社会の現実を見つめ、誰かのために自分が果たす役割を考えているのだろうか」

「そのために自分が働くということを考えたことがあるのだろうか」

大学祭では、チームとして福島の声を伝えることが目的だった。これまでのチームとしての活動理念は、「見えないものを見えるようにする」。当初、日々の生活の困難や高校生たち一人ひとりが内面に抱える辛さを伝える映像作品をつくるというアイディアが出されていた。原発事故から少し時間が経ち、毎日食べるものがある、4つの仮設校舎がひとつとなって全員で授業ができるなどの生活環境は整っていた。そのことでメディアは、すでに高校生たちの日常を積極的にニュースとしては報じなくなっている。状況だけでは「福島の悲劇」や「感動物語」とならないからだ。

しかし、高校生たちは違った形で苦しみを抱えていた。「一人になりたい」という高校生の声に代表されるプライバシーのない旅館での仮寮生活。静かに勉強に集中する場所がないのは高校生には大きな悩みである。また、家族と離れての生活への不安もあるし、保護者が仕事を失う中で経済的な心配もある。そういう高校生たちが今抱える苦しさのリアリティを伝えることをしたい。そのことで震災から時間が経つ中で東京の大学生たちが福島で起きたことや起きていることを忘れないための試みとしたかった。

一方で、こうした福島の今の現実を一部だけ切り取って情報を伝えるだけでは、巷にあるたくさんの一般メディアと変わらない。聞き手にとっては、「そうなんだ。福島はまだまだ大変だよな。そこにいる高校生は本当にかわいそうだな」という気持ちになるだけだという意見が出されていた。かわいそうだけでは、いつまでも他人事でしかない。それは自分たち大学生がやりたいことでもやるべきことでもない。起きている現実を伝えるだけでは「福島がどう自分の問題なのか」と聞き手は考えない。むしろ一部を切り取っただけにすぎない現状を知ったことで満足してしまう。

そうだとしたら、自分たちにできるのは、福島の高校生に出会った僕が、どう生きることについて考えたのかを聞き手に見せることだ、という結論が出た。これまで福島の高校生を支援してきたたかひろにとっては、彼らが過酷な状況の中でも将来自分が働くことについて真剣に考え、誰かのために働こうとしている事実が、最も自分の価値観を揺さぶった。

自分には「大手の企業で働くのがいい、世界で活躍するのがいい」という仕事の価値観がある。しかし、高校生の語る未来の形は、そういう基準ではなかった。その姿は自分の就職活動にも影響を与えたし、働くことについて考える機会となった。その自分を語ることは、多くの大学生たちが生きることを見つめるきっかけになるのではないかと思ったのだ。

就職活動を迎えた大学生たちの多くは、働く意味に向き合う。そこで一度は立ち止まり、現実の社会で生きることに迷う。福島の高校生の姿は、きっとそんな大学生たちに自分を見つめる機会を与えるはずだ。それが一人ひとりにとって福島を考えるきっかけになる。チームとしてもその方向性で賛同を得た。

高校生から教わった大事なこと

こうして、たかひろは映像作品づくりに取り組むことになった。

まずは、彼が福島の高校生たちから受け取ったメッセージを受け止め、就職活動を通じて自分が考えたことを振り返る。それはまさに、この社会でどう自分は生きるのかという問いである。言葉にする思いは個人の経験であるけれど、きっと多くの大学生にとっても自分を重ねることになるはずだ。たかひろはワンルームのアパートでひとり、彼いわく、「胸がチクチクするような時間」を経て、以下の脚本を書いた。

「僕の踏み出す方向」

2012年11月、街にリクルートスーツ姿の学生が増えてきた。僕は去年の自分の就活を思い出していた。

あのころの自分には特にやりたい仕事がなかった。

会社の話を聞いても、結局は全国転勤が嫌だ、海外赴任が嫌だ、と自分の生活を安定させたくて可能性を狭めていた気がする。

今までの人生に目標が全くなかったわけではない。習い事や部活などは自分から進んで練習したし、今は夢中になる趣味もある。

進学においても「あの高校でヨットをやりたい」、「東京の有名な大学に入りたい」などの目先の目標くらいは持っていた。

けれど就活では、仕事を通して社会にどう役立ちたいか、などは考えもつかなかった。

就活で好まれるような規模の大きな夢など持っていなかったのだ。

それよりも、勤務時間など自分の日常生活がどれだけ快適に送れるかの方が重要だった。

けれど、就活では大きなビジョンを描かなければならないような気がして、本心ではないことも面接で言った。

何を軸にして就活をしたらよいか分からなかった僕は、とりあえず「大企業＝えらい」という雰囲気に飲まれ、大きな会社ばかり受け続けた。

大手に受かることが絶対的な目標であり、受からない自分はダメだと思っていた。

運よく自分の就活で最も規模の大きな会社に受かることができた。

しかし、目標だった大企業内定を達成したとき、「自分はこの仕事を本当にしたいのか？」という冷静な疑問がわいてきた。答えはノーだった。

自分が仕事で何を成し遂げたいのかを考えるのがもう面倒になった。

資格や専門的な知識を活かしてお客さんと話す仕事に若干の憧れがあったため、結局は地元の銀行員になることに決めた。

やりたい仕事というよりも、地銀は安定した生活が送れそうだという理由が大きかった。

しかし、このような形で仕事を選択し、終えた就活にだんだん納得できなくなった。

就活中に自分のやりたいことを見つけた友人はいさぎよく働こうとしているのに対して自分は何で働くのか意味づけが出来ないからだ。

社会の中での自分の立ち位置を定められていないからだと感じた。

そのように、きちんと将来像を描かないまま社会人という次のステージに行くことに、これからやっていけるのか不安だった。

そんなとき、2011年に引き続き福島県立双葉高校の生徒への学習支援ボランティアに参加した。

双葉高校は原発から3・5キロの位置にある。

高校生たちは親戚の家や親元を離れる寮での集団生活で、震災から1年半経った今を過ごしている。

現在はいわき市内にある大学の校舎の一部を借りて学校生活を送っている。

僕が見たのはありふれた高校生の姿だった。

だけど、彼らは将来就きたい仕事や、なりたい将来像を明確に描いていた。

「風評被害で苦しむ県の手助けするために農家になります」

「避難所で栄養不足で苦しむお年寄りを見て栄養の大切さを知ったので管理栄養士になります」

「福島でエネルギー関連の仕事をする行政マンになります」

僕はなぜ彼らがこんなにもはっきり夢を語るのかがわからなかった。自分なんて一度も人前で夢など語ったことないのに。

避難所で栄養不足に陥った高齢者。風評被害に悩まされる農家。彼らは震災で当たり前の生活を失い、社会の不十分さに困っている人を目の当たりにした。

その人たちの顔が見えた時に、彼らは自分がその人たちに対してどのように力になれるか、また社会の不十分を自分が補うことで誰のためになるかを考えてその役割を担うことにしたのだと考えた。

彼らは震災を通して、自分以外のために働かねばならないと感じていた。

震災で困っている人を目の当たりにして、自分がなりたい自分ではなく、他人を助けるための自分にならねばならない、と思っていた。

「誰かのために働く」――彼らにはその「誰か」が見えているから、僕にはない「現実を見る目」と「実直さ」を持っているように感じた。

高校生を見て、なんとなく持った憧れを少しずつ達成しながら生きてきた僕の人生が見え出した。

やりたいことやなりたい自分、そして自分が社会の中でどのように役に立てるかを探すための新たな方法を僕は彼らから教えてもらった。

しかし、彼らのように「誰かのためになる自分」を今は見つけられないと思う。

就活を通して仕事を通して社会にどう役に立ちたいのか、これからの人生でどう働きたいのかを考え続けた。

高校生からはそのやり方を教えてもらった。

しかし、世の中につながる大きな目標を立て、努力するという生き方が前提になると、見つからなかったときにまた苦しむことになる。

明確な人生目標がなくても生きていけるのではないかと思い始めた。

だから僕は、高校生のように人生における明確な目標を立てていない自分を許そうと思う。

やりたい仕事や明確な人生設計を見つけることはとても難しいことだとわかったし、出来なくても責められるものではないのだから。

「来年の給料を上げたい」「英語力をつけたい」「業務に必要な資格を取る」

そういった目先の目標を積み重ねる人生でもいいと思う。

そして、いつか高校生のように人生をかけるべき目標が見つかったときに挑戦できる能力とやる気をためておこうと思う。


早稲田祭企画「3・11後、ボクらの使命」2012年11月

作品では、大学キャンパス、電車、スーパーマーケットなど東京での日常を描く映像とともに、等身大のたかひろの不安と葛藤が表現されていた。大学3年生のとき、自分なりに悩み、働くことの意味を考えながら真剣に取り組んだ就職活動。そのときは、蕎麦しか喉を通らないほど追い詰められた。自分なりに全力を尽くしたと思っているし、納得したつもりだった。だけど、結果には今でも迷いがある。原発事故で過酷な経験をした福島の高校生が、社会の現実をしっかりと見つめていたからだ。彼らのあり方を通じて、今の自分には現実の社会を見つめられていないことも突きつけられた。「そんな自分はどうなんだ。それでいいのか」という自分を責める気持ちにもなった。

しかし、たかひろはそうした自分に向き合い続ける中で、最終的には、それでもいいという

地点を見つけていた。自分に与えられた仕事に取り組む中で、いつか見つけたい目標に向けてゆっくりと進めばいい。そして、その目標はいつか見つかる。たかひろが福島の高校生たちを支え、考え続けた末に得た結論だ。

大学祭で福島の卒業生たちと大学生が対談

そして、2012年11月、迎えた大学祭の企画当日。人だかりで身動きもとれないキャンパス内の講義棟の一室。50名ほどの参加者が会場を埋め尽くしている。ほとんどがこの企画目当てに来た大学生たちだ。この日、たかひろは1年生の女子学生メンバー、まゆと一緒に総合司会。人前で話す緊張でちょっと顔はこわばっているけど、自作の作品上映という晴れ舞台に気持ちは入っている。

「このために一人寂しく準備を重ねました」という自虐ネタで会場の笑いをとりつつ、最初の盛り上げもまずまずだ。これまで活動を続けながら何度か人前で話す経験も積んできたし、会場の雰囲気作りも成功している。

自作作品が上映された後には、双葉高校の卒業生とチームの大学生たちとの対談が用意された。テーマは「3・11後、ボクらの使命」。「働く」をキーワードとして、参加する大学生たちに「自分たちが誰のために何をするのか」を問いかけるという内容だ。対談者として参加してくれたのは、おばこー。２０１１年の勉強合宿に参加していた双葉高校の卒業生だ。２０１２年からは東京の大学に進学して政治を専攻している。この企画のためにチームの大学生と数回の事前打ち合わせをしてきた。

おばこーは、めがねをかけて、ちょっと小太りの理論派大学生。高校生のときより雰囲気はちょっとおじさんっぽいけど、まじめな性格がにじみ出る笑顔は変わっていない。そんなおばこーは高校3年生で参加した勉強合宿のときから、将来は福島で行政に携わりたいという将来を語っていた。彼は、大学生になってからも行政への思いを持ち続けている。今回、ゲストスピーカーとしてパネルディスカッションでもその思いについて話してくれた。

「僕は震災での避難経験を通じて行政を変えたいと思いました。僕が一人で国政に行ってもなにもできないと思うし、だったら自分の故郷だけでも変えたいと思ったので、福島の行政に関わっていきたいと思っています」

切り離せない想い

行政や政策にかかわることを通じて社会でやりたいこともある。震災の経験は彼が将来を語る上で大きな影響を与えている。自分の故郷で安全だったはずの原発が爆発し、過酷な避難生活を送ったことが、彼が働くことを考える原体験だ。

「自分たちが被災をして経験したことをなるべく他の人にはもう感じてほしくはないって思うんです。自分たちしか経験していないという言い方は悪いけど、僕は貴重な体験をしてしまった。だからこそ、他の人がもうそういう体験をしなくていい社会を少しずつでもつくっていけたらいいかなって思っています」

おばこーは、そんな明確な将来像を描きつつも、一方で、福島へのこだわりについては揺れる自分もいる。大学生として自分が将来やれることの可能性は広く開かれているはずだ。でも、自分にとっての将来は、今の時点では、福島とは切り離せない。それが本当に自分にとってよいことなのかという迷いもある。表情をやや曇らせながら彼の語りが続く。

「原発事故での避難っていう体験があまりにも大きすぎたと思います。いまだにそのことが忘れられないというか。そして、そんなふうに福島が強く自分の中で切り離せないのはどうかと

も思うんです。自分の気持ちがいつまでも福島に縛られ続けているのもどうかなって。僕は生まれてからずっと福島で生活していたので、よけいに捨てられないというか忘れられない気持ちがあるのだと思います。当分の間、自分の街に帰れないことがわかっているからこそ福島に戻りたいという気持ちになるのかと思います」

福島での経験は忘れたくない。でも、自分の経験への思いが強すぎることによって将来の選択を狭めてしまっているという思いもあるのだ。それはけしてよい意味ではなく、果たしてそれでいいのかという自分への問いかけでもある。そんな気持ちを、こんな言葉でも伝えていた。

「いつまでもそういう気持ちでいたら、自分が何も変われないような気がしています。そんなふうにいつまでも変われないなら将来は東京とかの企業を選んだほうが嫌でも自分が変われるかなって。そっちを選んだほうがいいかなと思うこともあります」

福島で起きたことや起きていることは忘れない。自分の経験したこともけして忘れられない。でも、その経験に強くこだわり続けることは、彼にとっては心が苦しくなる。福島にこだわることで描ける将来へ向けた確かさと、福島に縛られることで狭めてしまうかもしれない自分の可能性。その狭間の中でおばこーの未来像は揺れていた。

3・11によって変わったもの、変わらないもの

そんな当事者の発言を受けながら、会場の大学生たちは「3・11によって私たちが変わったのか」という議論に向かっていった。

企画のパネルディスカッションの流れは「実際に変わっているかどうかはわからないけど、働き方の価値観を含めて変わりたいという人はたくさんいる」というものだった。ここで、おばこーはややシニカルなコメントをしている。

「震災以降、僕は若者たちの意識は変わっていないと思います。震災を実際に体験した人じゃ

ないと実際に変わることはできないと思います。よっぽど自分たちの中で心に残しておこうと思うものがないと忘れてしまうと思います。福島の被災地域でも原発反対と言いながら、原発推進している人が選挙で当選したりしているし、震災のあとの政治家の発言なんかを見ていても全然変わっていないなと思いました。その中で変わりたいと思える人たちがどう行動できるかがいちばん大事なんだと思います」

福島で起きたことを経ても変わっていないもの。おばこーの現実社会を見る視線は悲観的だ。しかし、変わらない社会の現実が原発事故を高校生として経験した当事者から見えている今なのだ。福島の声である「自分たちの心に残しておこうと思うもの」という言葉が、聞いている大学生たちに突き刺さる。果たして自分には何があるのだろうか。壇上から語りかけるおばこーの発言は、彼が社会を変えるための行動であり、変わることへの期待でもある。

ディスカッションを受けて会場からは、「お金や権威など個人の欲望に従うあり方。それは経済を活性化するという意味がある。だけど、それが誰に何をもたらすかについては立ち止まることの大切さがあるのではないか。そこをどう考えるかが難しい」という発言があった。発言した大学生は、個人の働く選択という意味だったけど、おそらくそれは社会の選択でもある。また、アンケートには、「誰かのために働くという使命を感じたいのもわかるけど、まずは自分の力で自分の生活を支えられることが基本。それが社会人として大事なのではないか」というコメントもあった。

企画を通じて何かの結論が出たわけではないけれど、福島の声とともに私たちは何を選択し、どう働くのかについて大学生が考えるという目的は達成されていた。こうして大学祭は無事終了。司会をしたたかひろもほっとした表情だ。

それぞれに福島を思う時間

この日は首都圏の大学に通う双葉高校の卒業生たちが4名も会場に来てくれた。その4名は、おばこー以外に、ぺいちゃん、ぬらり、よっちゃん。双葉高校元野球部のぬらりも会場で「自分は将来どこでどうやって働いていても福島のことを忘れないってことが大事なんだと思います」と発言した。活動の発表機会となったこの企画が、彼らにとっては、福島をそれぞれに思う時間となった。自分たちがつくりあげた場所で、これまで支えてきた双葉高校の卒業生たちが自分の意見をはっきりと言う姿。それが大学生たちにとってもこれまでやってきた活動のひとつの意味だ。

その後、夜はみんなで楽しく打ち上げ。勉強合宿をへて大学生となった双葉高校の卒業生たちが「まだ彼氏がいません」「講義がつまんない」とそれぞれに近況を報告してくれる。高校生だった頃の思い出話も弾むけど、久しぶりに会う彼らの話題はすっかり大学生。お店の料理はいまひとつだったけど、ぺいちゃんもおばこーもたくさん自分の大学生活について話している。そこでもたかひろは、お店から出される料理を配膳する心配をしていた。

高校生たちの声、夢に揺すぶられる

たかひろは、福島の高校生に出会って働く価値観が大きく揺すぶられた。原発が象徴するのは大都市で電力を大量に使う生活や携帯電話でいつもつながっているライフスタイル。ほしいものは買うという欲望。大学生の就職活動では、規模が大きくて給料の高い企業は大きな目標だし、自分にもその価値観がある。大企業から内定が出たときにほっとした自分がいた。しかし、東京で使う電力は福島の原発から送られていたことをこれまで自分は知らなかった。

だからこそ、たかひろは、避難生活をしている高校生が誰かのために将来働こうとしている姿を伝えたいと感じたのだと思う。一人ひとりの具体的な夢ややりたいことが本当に実現できるかどうかが問題なのではない。たかひろは社会の現実を変えようとする当事者の高校生の声を聞いたことで考え続けたことがある。そして、そのことが大切だと感じている。

社会人として働いた経験のない自分が、働くことを通じて何ができるかを考えることは難しい。それでも、たかひろは自分のこれまでを見つめることで社会に対峙しようとした。それは、未来に向けてこれから何かをやると思うときに背中を押す力になる。あのとき語った自分を思い出すこともできるからだ。もちろん、今、「将来はこれをやる」という意志を持っても、後から「それはできないかも」と揺れる自分もいる。実際に、3年生のときと現在の自分は違う。

おそらくこれからも働くことへの考え方は変わっていくはずだ。価値観は自分の中でもひとつではないし、そのときの状況によって意志が変わることもある。自分の選択を損得で天秤にかけたり、打算的になったりするのは現実を生きるための知恵でもある。そんな揺れる自分が何かを決めるのは簡単ではない。ましてや現実の社会では予想もできなかったことがたくさん起きるし、失敗も怖い。

そんな中でこそ、4年生になったたかひろは、自分に与えられた仕事を通じて目先の目標を達成することに意味を見出した。社会に出ても日々たくさんの選択を迫られる。生きることや働くことの多くは正しい答えなどないし、そのときどきで自分が最善と判断したことをやり続けるしかないという彼の覚悟である。

たかひろにとっては、こうして働く意味を考え続け、納得するまでに苦しい時期もあった。

それは、自分がどう生きたらいいかという問いと向き合う時間でもある。辛くなったときにどうしていいかわからなくなって、夜中にずっと一人で40キロも歩き続けたこともある。一人カラオケにも行ったし、あまりお酒を飲む量は多くなかったのに一人で飲み屋に行くようにもなった。見た目は爽やかイケメンだけど、注文はもっぱら焼酎だ。

原稿を書きながらひとりアパートで寂しくなっても、じっと孤独と向き合う練習もした。「うまく涙が出ない」という彼のつぶやきも聞いている。そんなたかひろに私は、「納得できないならできるようになるまで考え続ければいい」と背中を押し続ける。蕎麦しか食べられないという彼を連れ出して定食屋でのご飯にも付き合う。何か心にひっかかるならそれをごまかさないで言葉にすることで次に進む力がつくからだ。苦しくても頑張らないといけないときがある。

その後、たかひろは早稲田祭企画に関連させて卒論も書いた。もうすぐ彼は福岡に帰って社会人となる。きっと毎日が仕事で忙しくて、いろいろなことを悩む時間もないような生活が待っているはずだ。でも、福島の高校生たちの声は、彼の中では刻まれた記憶となってこれからの彼を支えると思う。世の中の誰か偉い人や専門家が言っていることではなくて、たかひろが自分で聞いて自分で感じたリアリティ。それこそが、将来も誰かのために何かをしようと思ったときに、きっと何をするべきかを導いてくれるはずだ。

ゆうひ〈権力問題〉に取り組む
「見えない権力に風穴をあけたい」

あなたは何ができるの

「1に野球、2に弁当、3、4がなくて、5に女の子。僕はそんな高校時代を過ごしてきました。大学1年生のときには準硬式野球部員です」と自己紹介をするゆうひ。文化構想学部2年生のときにフィリピンでボランティア活動をするために面接にやってきた。私の顔を見つめながら真剣な表情で「僕は世界を平和にしたい。ヒーローになって世界の貧しい人を救いたい」と言う。ジョークかと思ったが、そうではないらしい。

「それであなたは何ができるの？」という質問に、「野球ができます」。私が「この男子学生とあと3年もつきあうのは遠慮したい」と当時の学生リーダーに伝えたら、「先生、彼には伸びしろと可能性があります。私たちが面倒を見ます」と言う。それならということで彼はチームに合流することになった。その彼はチームでは最年少のメンバー。何もできないから荷物を持って先輩のあとをただついて歩いていた。

そして、初めて見たフィリピンの貧困街。日本との戦争で性被害を受けた高齢女性たちの話。ゆうひにとっては、テレビや書物でしか知らなかった世界の現実を、からだで感じる機会となった。ただし、衝撃が大きすぎてうまくその体験を受け止められない。感じることが言葉にならない。

東京に帰り、経済的に自分が恵まれている事実を自分で責めたい気持ちになった。冬に一人で水シャワーを浴びて風邪をひく。理不尽で不平等な世界がわかりたくてマルクスとかフーコーとかの本を読み漁る。

先輩たちはそんな彼をそっと見守っていた。私もミーティングを重ねることで彼が自分を表現する機会をつくりだす。ほっておくと本に書いてある構造的貧困や国家権力というような言葉を使いたがる。そうではなくて、とにかく自分の言葉で話す練習だ。大きな理論はもちろん大事だが、それですべてがわかるわけではない。あくまで、見たこと、聞いたこと、感じたことが、自分にとってどういう意味があるのかを突き詰めさせる。

野球しか知らないゆうひにとっては、自分の内面で起きていることを表現するのが最初のハードルだった。その後、3年生になって横浜のホームレス簡易宿泊所でボランティアもするようになった。自分なりにさらにやってみたいし、現場で感じたいと思ったのだ。

そして、再度フィリピンに行って貧困街の子どもたちとの野球を自分で企画した。子どもたちゃおっちゃんたちが楽しそうにバットで球を打つ。コミュニティのみんなが球を取りに走る。腹に絵を書いて走り回るゆうひを子どもたちが追いかける。彼にとっては新しい形で野球が持つ可能性を感じる機会となっていた。

こうしてワボックでの2年間の活動を積み重ね、4年生になったゆうひは、チームリーダーとして福島の高校生支援に取り組むことになった。

甲子園への夢

「原発事故で被害を受けた福島県双葉高校野球部が夏の地区予選を戦いま〜す」

「福島の高校球児たちの夢を応援してくださ〜い」

2011年前期の授業も中盤に差し掛かっていた。6月の早稲田大学キャンパスに響き渡るのは、怪しげな箱とボードとともに歩き回るゆうひと男子メンバーの必死の怒鳴り声。通りすがりの学生たちがチラリと彼らに顔を向ける。しかし、ほぼ完全にその声を無視している。

「畜生、だめだ。大学生は金がねえから金を払う気がねえ。こうなったら商店街に行って、大人のおばさん狙いだ」と作戦を変更する。道行くおばさんたちが向ける若い男子メンバーへの視線は、貧乏大学生たちよりもよっぽどやさしい。「あら、あなたたち、頑張ってるわね」と千円札を入れてくれる。「お～これなら、いけんじゃん。よし、もう少し頑張ってみるか」。すでに昼休みも終わり、講義時間が始まっているのにもかかわらず、講義に行く気はまったくない。ほとんど意地になって声を張り上げている。

そもそもの出発点は、私が6月に双葉高校に夏の学習支援活動の相談に行って島先生に聞いた話だった。双葉高校野球部は、福島県代表として何度も甲子園に出場経験のある野球の名門だ。その野球部の部員たちは、その年も夏の甲子園出場に向かって厳しい練習を重ねていた。しかし、3月の震災によって双葉高校は福島県内の4つの地域にバラバラになり、野球部員たちはチームとして満足に一緒に練習ができないでいた。放射線量が高く練習に使えるグラウンドも限られている。

また、原発事故以来、すでに福島県外に転校していった部員もいる。エースのピッチャーもすでに転校している。そうした厳しい環境の中でも高校球児たちは、なんとか夏の地区予選に出場するため、練習をあきらめていなかった。高校の先生たちや野球部の監督もまた、厳しい環境にあるからこそ、球児たちの夢を追わせるべく、地区予選に出場するための準備に奔走した。

その甲斐があって、チームはなんとか夏の地区予選への出場が見込める状態になっていた。

しかし、島先生いわく、「できたら、4つのサテライト校にバラバラになっている生徒たちを、この試合のために集めて、球場でみんなを再会させたい。そして、全校生徒で一緒に野球部を応援したい」という。

野球部の遠征費用や必要な道具などは、すでにスポーツ関連企業が震災支援として協賛していて問題はない。しかし、生徒たちが応援にいくためにチャーターするバス代がないとつぶやいていた。毎年、バス代は生徒たちの保護者がボランティアで寄付を集めるのだそうだ。しかし、今年は保護者たちが避難生活でそういう活動をする余裕がない。

東京へ戻り、この件が気になっていた私は、なにげなくこの話を元高校球児の男子メンバーに話してみた。そのとたんに高校生活のすべてを野球にかけていたゆうひの表情が一変する。

「ありえねえ……」

なんとかして1回戦は突破しよう

いったい、何がありえないのか。ゆうひの説明によると、甲子園を目指す野球部員は、高校生活のすべてをそれにかける。授業中は練習に備えてほとんど寝るから成績はあきらめる。坊主頭にするし、いつも汗臭いから女の子にモテることもあきらめる。学校にいる間、頭の中は昼の弁当と放課後の練習だけ。

そんな自分たちが3年間で唯一輝けると感じる場が地区予選の球場。そのときだけは、きれいなユニフォームを着た自分がかっこいいと思えるし、好きな女の子が自分を見てくれていると思える瞬間。そのためだけに毎日必死に頑張っているのに、その試合のスタンドに同級生の女の子たちがいないなんてことはありえないのだと言う。

「応援のバス代、絶対、俺たちが集める」

彼の中で何かのスイッチが入ったらしい。翌日から募金作戦が始まった。大学での講義のときには頭を使っているようには見えないゆうひも、そういうときには、ものすごく頭を使う。試行錯誤しながら1週間ほど毎日のように頑張った結果は6万円強。そのお金は現金書留で双葉高校に送られた。島先生は到着したその日にお礼の電話をくれた。「なんとかして1回戦は突破したい」と声が弾んでいる。

そして、迎えた地区予選の会場。ゆうひは、その日は講義をサボってビデオカメラとともに新幹線に乗って福島まで応援に行った。その日までいちばん気がかりだったのが会場となるグラウンドの放射線量。試合開始時間ぎりぎりまで測定が行われていて、その日はなんとか基準値を下回って試合ができた。

4つのサテライトにわかれていた双葉高校の生徒たちが、久しぶりに一堂に集まった球場やスタンドは、なんとも賑やかな場所である。先生達の「整列〜っ」という声が響く中、応援のための女子高生の衣装やポンポンが試合に向かうわくわく感を高めている。日頃、教室で自分の隣に座っている同級生たちの晴れ舞台は、生徒たちにとっては何より心が躍る場なのだ。スタンドから思いっきり球児たちのその名前を叫ぶ。一挙一動に感動する。そこには、高校生にとっては当たり前であるはずの思い出づくりの場があった。

「そのときだけは自分をかっこいいと見直してくれるはず」というゆうひの幻想は、少しだけ本当なのかもしれない。もちろん、甲子園を夢見る高校球児の青春物語は、大人によって勝手に作られた部分もある。そんなに綺麗じゃないことも高校生たちはきっとわかっている。原発事故の中で、球児たちが悲劇のヒーローにさせられたこともどこか違和感があるはずだ。

でも、こうやって頑張る仲間の姿を見ることは、やっぱり高校生にとってはかけがえのない時間。頑張ってバス代を集めたゆうひにとっても充実した経験となった。今のこの球場で全力をつくす野球部員たちは、顔も知らない生徒たち。だけど、そこには分かり合うものがある。高校生たちの集団から少し離れてゆうひは、一人で試合を見守った。

こうしてゆうひと双葉高校野球部の出会いがスタートした。

高校生が奪われたもの

そして、2011年8月。はじめての勉強合宿。

その年、参加した高校生の中に一人の坊主頭がいた。

「あだ名はぬらりって言います。野球部のキャプテンでした。勉強はあんまり得意じゃないけど夏の大会が終わったので、これからは勉強を頑張ります」

緊張しながらも、はっきりと自己紹介をする姿は、数カ月前まで運動部の主将であったことを彷彿《ほうふつ》させる。「そうか、あのときに球場で挨拶していたキャプテンはお前か」とゆうひは、びっくりだ。

ぬらりは、あまり自分のことを話すのが得意ではない。恥ずかしがり屋で大学生にいじられると、「ちがうっすよ……」とうつむくような典型的な体育会系の男子。でも、やれと言われたことは最後まで全部やるという根性がある。お下劣なジョークが大好きで、勉強はあまり好きではないけれど、黙々と机に向かって数学の問題を解く姿は真剣だ。問題が難しくなると顔を赤くして必死になって考える。ゆうひは彼に「こうなったら体力で英単語を覚えろ。素振りだと思って何度も繰り返し単語を見ればいいんだ」と独自の勉強方法を伝授する。

そんな彼が、休み時間やご飯のときに自分のことを少しだけ話してくれた。「やっぱ、野球については完全燃焼感はないっす。もっとやれたかなって。大学にいったらまた野球やりたいかな。今、いちばんやりたいのは野球っすね」。そんなことを言う彼の表情は、笑顔だけどけして明るいものではない。勉強合宿の間は、基本的にテレビは禁止となっていた。

しかし、ゆうひの密かな許可を得て、ぬらりは毎晩、男子部屋で深夜の「熱闘甲子園」をじっと見つめていた。テレビに映る甲子園球児たちの眩しい活躍を見つめる彼の目が、ゆうひにとっては何よりぬらりの気持ちを伝えるものだった。ぬらりは合宿の最終日に自分の夢を語ってくれた。「僕の夢は、放射線技師になること」。その言葉がゆうひの心を激しく揺する。ゆうひは、彼と過ごした時間について、次の文章にまとめている。

「福島の高校生への学習支援活動を通じて～僕はもう黙らない～」

私は、今年の8月4日から1週間、福島原発から3・5キロにある福島県立双葉高校の生徒11人に学習支援を行った。眠い目をこすりながら、一緒に夜中まで勉強した。みんなでカレーを作って、食べた。花火をして、笑った。

その中で、私は屈託ない笑顔を見せる「ぬらり」というあだ名の男子生徒が気になった。田舎で野球に3年間を費やしたぬらりと自分。女の子にモテることを「あきらめ」、勉強は校内の底辺の成績になることを「覚悟」して目指す甲子園。「汗の匂いと泥にまみれた本気」を持つぬらりに自分が重なる。だからこそ、数えきれない共通点と彼の言葉に宿る真っ直ぐさに心が揺れた。

「僕は放射線技師になって、放射線のイメージを変えたい。そして、福島は『汚い街』ではないことを証明したい」

目に涙をじんわりと浮かべ、自分の将来、そして故郷福島への愛する気持ちを語るぬらり。彼の愛情は故郷を「汚した」放射能への憎しみに変わることなく、温かい気持ちのまま故郷を包んでいた。彼には当然のその立ち位置に、私の心はざわついた。彼はどうしてその場所に立っているのだろうか。

「豊かな生活を送るためには必要だけど、自分が住む土地には原発を置いて欲しくない」。地方が抱くこの気持ちを抑えるために、日本政府はこれまで「見える権力」を行使してきた。原発建設地に多額の保障金を落とす「電源三法」もそのひとつだ。この政策のおかげで双葉地区の図書館や体育館などのインフラは整備された。町の人達は出稼ぎに行く必要もなくなった。政府は「金」という「アメ」を使い、原発を地方に固定化させてきた。

「この町では原発について語ることがタブーなんですよ」。

静かな怒りを抑えながら、双葉高校教諭はこう呟いた。毎年、双葉高校から10人近くの生徒が東電に就職している。きっとぬらりの友達や周りの人達が東電に就職しているのだろう。ぬらりにとって「原発を悪く言う」ことは、「友達や町の人達を悪く言うこと」になる。「見える権力」によって建設された原発は、「地元雇用」の波を起こした。その波は原発について語ることをタブーとする「空気＝見えない権力」を作り出していた。そして、3月11日に「想定外」の津波と原発事故が起こる。原発からほど近い双葉高校の生徒達は、住む場所を失い、学校に行けなくなるという形で被害を受けた子ども達である。ぬらりもまた「すべてをかけた甲子園への道」を奪われた。

「甲子園、羨ましいっすね。俺たちももう少しできたかなって…」

双葉高校野球部のキャプテンだったぬらり。宿舎のテレビに映る甲子園での熱戦を食い入るように見ている彼に、私は声を掛けることができなかった。「もしも」原発事故がなかったら、「もしも」エースが残っていたら。甲子園への熱い闘志が、仮定で語ることしかできない願望の叫びに変わる。「その責任の所在は君にはない」と心の中で呟いた。彼のがっちりとした背中を見ながら、「原発が憎い」と声を挙げることさえ拒ませる「見えない権力」を、私はひとり憎んだ。

そして、こうした「権力」は、私が2010年にボランティア活動で出会ったフィリピンの戦争被害者たちの声を思い出させる。

「目の前で家族を殺されました。そして、私もレイプされました」

66年間抱え続けた心の傷を言葉にし、肩を震わせる年老いた女性たち。フィリピンの戦争被害者の女性達は、日本政府に謝ってほしいと訴えていた。従軍慰安婦について記述のない教科書、戦争は「終わった問題」として報道するメディア、国のために死んでいった日本兵達への侮辱と叫ぶ人達。日本政府の「見える権力」が、私たちの社会に彼女達について語ることのできない空気とも言える「見えない権力」を作っている。彼女達から66年間の時を奪っている「空気」は、高校生たちが原発について語れない「空気」と通じていた。

合宿の終わり、ぬらりは私にこう呟いた。「僕はゆうひ2号になります。」照れくさそうに笑うぬらりの笑顔に涙があふれそうになった。ふるさとを愛し、友達や町の人を想い、人生を賭けて大切なものを守ろうとしているぬらり。彼が私に寄り添おうとしてくれた。「自分のため」という物差しでしか人生の選択を測れない私に対してだ。私はぬらりや双葉高校の生徒達に寄り添いたい。だからこそ、彼らを横目に原発を動かそうとしている政府や経済界の「権力」に激しい怒りが湧く。高校生たちに「原発」について声をあげさせない「見えない権力」に風穴をあけたい。今、彼らの勉強を応援する以外に自分に何ができるかまだ分からない。ただ、この夏出会ったぬらりの心の叫びと笑顔がこれからの私の行動を支える指針になることは間違いない。

『0泊3日の支援からの出発——早稲田大学ボランティアセンター・学生による復興支援活動』（早稲田大学ブックレット〈「震災後」に考える〉 2011年）より抜粋

野球にすべてをかけた高校生が奪われたもの。それがゆうひがぬらりとの時間を過ごすことで感じたものだ。

甲子園と高校野球の意味を考える

ぬらりが卒業した翌年。双葉高校は2012年4月に福島県内4つのサテライト校から再びひとつに統合され、いわき市にあるいわき明星大学の敷地内に仮校舎を構えていた。4つの校舎がひとつになったとはいえ、統合するにあたってそれぞれの家族の都合で転校した生徒もたくさんいた。そういった事情の中で野球部も部員の数が減っており、この年、双葉高校のチームとして夏の地区予選に出場することは難しい状態になっていた。

しかしながら、野球をしたいという野球部員の情熱に応えるために、福島県の高校野球連盟は特例を認めていた。同じように部員数が減っている高校が合同でチームをつくり、「相双連合」というひとつのチームとして地区予選に出場できるようにしたのである。

もちろん、ひとつの高校の代表として試合をすることは野球部員たちにとっては誇りである。しかし、たとえどういう形であれ、自分たちにとっては大好きな野球ができることに大きな意味がある。双葉高校からも連合チームのメンバーとして数名が試合に出ることができた。結果は残念ながら1回戦敗退となったが、部員たちは、それまで厳しい環境の中でも精一杯の努力で練習してきた。夏の地区大会は、その成果を発揮できた場として思い出となったのである。

2012年8月、ゆうひは就職浪人の5年生として岩手県で昨年度と同じように勉強合宿に参加していた。8月は高校生たちにとっては甲子園のシーズンである。

甲子園の開会式。その日は合宿に参加していた双葉高校の生徒たちにとっては特別な時間だった。全国高校野球連盟が震災被害の中で頑張る高校球児に対する特別な配慮として、双葉高校野球部キャプテンが第1試合の始球式を務めることになっていた。どうしてもその姿をテレビで見たいという高校生たちの希望があり、その日、チームとして午前中の授業開始を遅らせる決定をした。

ホールの大きなテレビの前に高校生と大学生の全員が陣取る。その姿をじっと見つめる双葉

高校の高校生たちの表情は興奮気味だ。

第1試合開始の高らかなサイレンが鳴り響く。いよいよキャプテンの登場だ。全力疾走でマウンドに駆け上がる彼の真っ白なユニフォームに胸の緑の文字、双葉高校が映えている。

そして、始球式。たった1球だけ。1時間以上もテレビの前で待ち続けてた後のあっという間の1分間だけ。その場面を見ながらうっすらと涙を浮かべている生徒がいる。双葉高校野球部のキャプテンは、練習もチームとしては満足にはできなくて福島県の代表高校としては甲子園に行けなかった。でも、その勇姿はテレビを見ていた高校生たちにとっては目に焼きつける大切な時間となった。

キャプテンの始球式をじっと見つめた高校生たちの中に今年も1人、野球部員がいた。双葉高校3年生の池田。背が高くて、肩幅が広いので存在感がある。でも、恥ずかしがり屋でうつむきながらぼそぼそと話す。そんな彼は、相双連合チームの中ではレギュラーになれなくて、補欠。でも野球が大好きで彼もまた高校生活のすべてを野球にかけてきた。彼にとっての夏の地区予選は、自分の高校生活の集大成。最後の試合には代打として出場した。結果は見逃し三振。そのときのことを彼は、元高校球児だったが同じようにレギュラーにはなれなかったゆうひに語ってくれた。

「最後の夏の大会の時、それまでずっとバッティングを指導してくれたオヤジがいなかったことは、正直心残りっす。もしもオヤジがいたら、最後の打席、あそこで見逃し三振はしなかったかなって」

彼の父親は双葉高校の野球部出身。高校を卒業したあとには長年原発の現場で働き家族を支えてきた。小さいころから仕事が忙しくてあまり一緒に過ごすことはなかった。それでも、息子に一生懸命バッティングを教えたのだという。そして、池田の球児としての晴れ舞台であった夏の大会のその日も父は原発に仕事に行っていた。

池田が自宅から離れているのに双葉高校に進学したのは、父親が選手として誇りであった双葉高校の野球部で野球をやるためだった。父親と同じように双葉高校の野球部として夏の大会に出たかったという池田の思い。その願いは福島第一原発事故でかなうことはなかった。「父親のことを尊敬していて、父親のようになりたかったのだと思う。そして、その父親に褒めてもらいたいのだと思う」。ゆうひは、池田の声をそう聞いていた。

池田の自宅は津波で流された。家族は助かった。しかし、現在は避難区域となっているもとの場所には帰る家はない。家族は仮住まいのアパート生活だ。そんな彼の将来の夢は、福島で農業をやること。だから農学部のある大学への進学を目指している。

池田は、「自分は、農業をやりたいっす。福島の農作物は風評被害で大変なことになっているし、自分は農業をやることでおいしい野菜やくだものをつくって福島の復興に役立ちたいです。福島は本当に桃とかうまいっすよ。だからたくさんの人に届けたいし、それが復興につながるはずだと思ってます」と語る。

家族や親せきに農家がいるわけでもなく、震災があったあとに自分なりに見つけた彼のやりたいことなのだという。自分なりに農学部がある大学をすでに調べているらしい。その夢を語る彼の表情はとても真剣だ。

彼がそんなふうにまじめなことを言っているのに、隣のゆうひは「池田、もったいねえからな。まずはそれ全部食えよっ」。池田の皿にたくさんのフライを載せて無理やり食べさせようとする。頼んでもいないのにご飯はいつも大盛りだ。池田もまた、それに文句も言わずにうれしそうに黙々と全部食べる。その後には仲良く一緒に風呂場に向かう。ゆうひなりの愛情の表現なのだ。

高校球児たちの聞こえない「声」を聞く

その夏、東京で大学生たちは大切なものと奪われたものを議論する時間を持った。高校生たちにとっての部活動の意味を振り返っていたのである。元野球部のゆうひにとっては、野球部のチームメイトは何も言葉にしなくてもつながっていると感じられる仲間。部活動には、高校生たちが自分の存在を支えるという意味がある。自分が夢中になれることがある、一緒に努力する仲間がいると感じる、それが自分を確認できる場なのだ。もちろん、すべての高校生にとって部活動の意味が同じではないけれど、そこに自分のすべてがある高校生もいる。

ゆうひにとって双葉高校の野球部との出会いは、野球を思い切りすることがどんなに大切なことかを改めて感じたり、それを奪われることの意味をからだで感じる経験となった。原発事故で家を失い、学校を失ったことは悲劇として大きく報道される。そして、甲子園へ向けて頑張る球児たちについては、悲劇の中でそれでも頑張る球児たちの前向きさだけが報道され、ニュースとして消費される。

しかし、ぬらりや池田にとって野球をすることの意味はそれだけではない。球児たち一人ひとりの痛みや悲しみは聞こえない声でしかない。命が失われたり、もっと悲惨だと多くの人に感じさせる物語の中では、彼らの声は聞こえない。高校生自身もまた、親や先生たちはもっと大変な思いをしているからと感じることで、自分の気持ちと声を封じている。

原発事故のあまりに大きな影響の中、とりあえず自分たちにできることはないという無力感の中で彼らは我慢をするし、与えられた環境の中で精一杯の努力をするだけだ。高校生たちには自分たちを支えてくれる大人には言えないことがたくさんある。それを言うことが大人を悲しませることを知っているからだ。

一方で、高校生たちは放射線技師や農業をやりたいという夢を抱いていた。しかし、ゆうひにとって、それは辛い境遇にあっても若い高校生が自分のやりたいことに向かって未来を自由に描く物語ではない。自分が置かれた環境の中で自分ができることを必死に考えた高校生の叫びでもある。希望や思いの裏には痛みがある。大切な仲間と最後まで一緒に全力で野球をして甲子園を目指すのは、彼らにとって自分のすべてを表現する機会だった。大切なものを奪われる苦しみは、きっとその人にしかわからない。

でも、自分にとってもあのときに大切だったものがあれば、きっと想像することはできる。おそらくそれが、自分のこととして向き合うということだ。ゆうひの心の中には野球に打ち込んでいたときの自分がいる。だから、ぬらりや池田の思いを感じることができる。福島の高校生たちは、自分の責任ではないし、自分の選択でもない不条理を背負っている。ゆうひはそのことに胸が締めつけられる。

こうした時間を経て、ゆうひは栃木の合宿を終えた4年生のときに福島の高校生を支えた自分をこう語っている。

「福島の高校生に出会った僕が思っているのは、これから社会に出て行く人間としてどんな小さな仕事でも、その向こう側にある社会を常につなげていくことです。そして、『その仕事がどんな意味を持っているか。同時にどんな加害性を持っているか』ということを常に頭の中に描きながら仕事をしていきたいということです」

岩手での活動を終え、卒業を目の前にしたゆうひは「2年生のときにボランティア活動を始めた僕は、ただ変わり映えのしない自分の日常を変えたかっただけなのだと思います」と言っている。彼は福島の高校生と出会ったことで自分のこれまでを見つめようとした。その経験を自分の言葉で語ろうとした。そこに大切なものがあると感じたからだ。その先には、自分がやりたいと思えることがある。

福島のグラウンドでひたむきに練習する高校球児たち。その姿を見つめるゆうひの中には聞こえない彼らの声にもっと迫りたい自分がいる。彼はボランティア活動を通じてジャーナリズムの道に進むと決めた。聞こえない声をもっと伝える仕事をしたいと思ったのだ。これからどんな道に進もうと、未来の自分は過去の自分の積み重ねに連なっている。これまでの自分はすでに福島にもつながっている。そして、そこに確かなリアリティがある。おそらく大学生活を終えたゆうひの次なる挑戦は、その社会のリアリティにどう対峙できるのかなのだと思う。

ゆうこ〈格差問題〉に取り組む

「東北のひずみを伝える役割がある」

自分が生まれた東北、「秋田」を振り返る

「私は東北の人のために何かをやりたいです」と、私の目を見つめながらはっきりと伝えるゆうこ。彼女は、東北、秋田県の出身だ。チームに参加したときは留学帰りで商学部の5年生。チームではいちばん年上だった。映画とサッカーの試合を見ることが大好きで、その知識の量はすでにオタクのレベル。好きなことは自分から挑戦する好奇心があるし、自分の足を動かす行動力もある。好きなサッカー選手を見るためには海外にも一人でさっと出かけて行く。

そんな行動派だけど、物腰が柔らかくて、ゆっくりとちょっと控えめに話す感じがいつも人をリラックスさせる。東北で生まれ育ったこともおそらく関係しているのだと思うが、強く自己主張することはあまりない。そんな一見おっとりした感じなのだけど、ボランティア活動や社会問題に対しては秘めた興味と情熱がある。大学に入ってからワボックの活動として韓国へボランティアに行ったという。

２０１１年3月に東北で震災が起きてからのメディア報道は、東北の出身であるゆうこにとってはとても辛いものだった。聞きなれた東北の言葉で惨状を訴える被災者の姿が故郷の家族や地域の人々に重なる。なんとか自分にできることを探しつつも、なかなか具体的な第一歩を踏み出せない自分がいた。

でも、とにかく何かしたいという気持ちでチームに参加したのは春も過ぎてからだ。それまで自分なりに悩んだ末に、意志を持っての参加である。チームに合流してからは、ゆうこが経験もある先輩として年下のメンバーの面倒を見る役割になっていった。特に女子メンバーはそのとき2年生のまあやだけだったので、お姉さんと妹的な関係でいい相談相手になっていた。

そして、２０１１年、夏の8月。ゆうこは、勉強合宿で福島の高校生たちに出会い、「数年前まで東北で高校生として暮らしていた自分」を彼らに重ねることになる。一緒に食べたり、眠ったり、たくさんの時間を福島の高校生と過ごした。そして、夜は遅くまで勉強を教えながら原発事故で辛かったことも一緒に話した。必死に自分に勉強を教えてもらおうとする彼らの姿に心を揺さぶられた。

そんなゆうこにとってはなにより将来を語る福島の高校生の姿が印象的だった。彼らが秋田で高校生だったころの自分を思い出させ、「故郷は好きだけど東京に行ってもっと勉強する。大きな街に行ってもっともっと自分を成長させたい」と期待していたころの気持ちが蘇るのだ。

一方で、福島の高校生たちの持つ、まじめで頑張るのだけど、純真で恥ずかしがり屋の感じ。言われたことはきちんとやるが、前に出てなかなか自分の意見を言えないもどかしさ。自分の思ったことや感じたことをストレートに言うことがよしとされない文化で育つ東北の高校生の気持ちがよくわかる。また、怒っていたり、悲しかったりしても、それを誰かに直接ぶつけていいとされない雰囲気。そういう感情は我慢したり、大人や偉い人の言うことをだまって聞くことがいいとされる価値観。そこに高校生だったころの自分もまた何か言葉にならない違和感を感じていたことが思い出される。

夜の宿舎でゆうこは高校生のぺいちゃんに話しかける。

「将来は何をしたい?」

ぺいちゃんは、ちょっとだけはにかみながらその夢を語る。

「自分の行きたい大学に行きたいなって思って。もっと大きな世界が見たいな。保健師の資格はほしいな」

福島の高校生たちは自分と同じように将来の可能性を感じている。もっと自分の知らないことがこの世界にはたくさんあって、それを自分の目で見てみたい。もちろん、なんとなく専門や資格を持って将来働くことの憧れもある。一方で今、自分がいる場所ではないところで自分がもっと何かを深く学ぶことへの漠然とした期待がある。そして、それが原発事故で辛い毎日を過ごしながらも、一日一日の勉強を頑張ることへの力となっている。

「福島の学校で先生になりたい」

「公務員になって働きたい」

高校生たちが語る将来像には明確に輪郭がある。それがこの先、本当にできるかどうかはわからない。勉強も追いつくかどうかさえはっきりしない。でも、そこには福島のためになりたいという気持ちも垣間見えた。高校生は自分の故郷を愛している。それはゆうこが自分の故郷へ思いがあるのにつながっている。

東北の高校生たち

そんな高校生との濃密な時間を経て、ゆうこは東京から帰ってきたあとに、東北であることを見つめる時間を持つことになった。東北で生活していたときにはなんとなく当たり前に感じていた高校生たちのことを少し客観的に考えてみようとしたのだ。それは、福島の高校生をめぐる状況を調べるという取り組みだった。

福島の高校生をめぐる状況は、けして恵まれたものではない。基本的に東北は全国でも世帯あたりの収入が相対的に低いために、子どもたちにかける教育費が少なくなる。勉強については、学習塾があまり存在しないために高校の先生たちが長期の休みの間に補講授業を行うことが多い。

ゆうこもまた、秋田で高校の補習授業や合宿に参加することで自分の勉強を頑張ってきた。東北では先生たちの個人的な熱意に支えられる教育環境があることの意味もあとから知った。そこには学習塾が大きなマーケットとして存在している都市圏とはやや異なった環境がある。東北では勉強がよくできる高校生は地元の国立大学志向が強い。親元から通える可能性があるのと授業料が安いのが大きな要因だ。

就職をめぐる環境については、福島では年間に約6000人強の高校生が就職をしているが、就職の内定率は非常に高い。男子では建設業が多いのが特徴的だ。東北の高校生はまじめで言われたことをきちんとやるために採用する企業の評判がよいという。高校の先生たちが熱心に地元企業との関係をつくっていることも大きい。

就職場所については、多くの高校生たちは県内での就職を望むが、求人がないなどで県外に就職するケースも多い。県外就職率は比較的高い状況にある。高校生の初任給は、平成20年度の厚生労働省の調査によると福島県は全国で31位で14万円ほどだ。秋田県は13万円ほどになり、東北の県が下位に並ぶ。

県外の大学に進学した場合は地元に帰るには仕事が大きな障害となる。地元企業が圧倒的に少なく首都圏の方がより高収入が得られる選択肢が多いからだ。こうした情報からは、一人ひとりが少ない収入であっても大家族で暮らし、助け合いながら生活する東北や福島の姿が浮かび上がる。勉強合宿に参加していた双葉高校の生徒たちもほとんどが複合家族で暮らしており、祖父母だけでなく、おじやおばとの同居もあった。

町への思いと都会への憧れ

ゆうこが調べたデータは、彼女が高校生まで過ごしてきた地域の生活実感を伴うものだ。冬にはたくさんの雪が降る厳しい自然環境の中で町のほとんどが知り合いという濃密なコミュニティで暮らしている。閉鎖的でもあるが人々が助け合うことで成り立つ社会だ。

町の経済的な貧しさは事実として存在している。福島が原発を誘致したのは地域経済の貧しさがあったからだということはよくわかる。仕事がないと暮らしが成り立たないし、若者が去って行く。それは東北の市町村による企業工場誘致だったり、空港建設ともつながっている。しかし、一方で人々の暮らしの中には守られてきた伝統があり、そこで暮らす生活や心の豊かさと喜びもある。高校生たちは、そうした中で多感な時代を過ごす。

そして、故郷を愛する自分と「もっと大きな場所で自分の可能性を試したい」という気持ちの狭間で複雑さを抱えている。地域の大人たちの保守的な考え方や閉鎖的なコミュニティへの反発がある。都会生活への漠然とした憧れもある。

こうした思いは、ゆうこも高校生のときにはなかなか言葉にはならなかった。でも、そこを離れて東京の大学に来た自分は少し冷静に見つめることができる。だから、福島の高校生たちの心に少し寄り添える。

高校生たちの「卒業式」

2011年の夏がすぎ、雪が残る2012年2月の下旬。ゆうこは双葉高校のサテライト校のある郡山市にいた。場所は駅前にあるファミリーレストランの片隅。前年度、夏の勉強合宿に参加していた双葉高校の3年生たちの卒業式の会場だ。

「じっちゃも、ばっちゃも、みーんな今日は、卒業をお祝いしてるがら。みんな将来にむげて頑張れ」

冒頭、式に先だってコップのマイクを持って主賓の挨拶まがいをするゆうこの東北弁が滑らかに冴えわたる。私も含めた会場は大爆笑につつまれる。テーブルの上にはすでに食べ放題の大盛りピザがあふれそうだ。会場には「双葉高校卒業式　主催　バカだ大学」の垂れ幕が垂れ下がっている。臨時の校長先生や担任の先生たちになりきる大学生の変装姿が場に合わないのがすでにおかしい。店の店員たちは苦笑いでややあきれ気味だ。その場にいた高校生たちも笑顔になって、一気に久しぶりに会ったみんなの緊張感がゆるむ。

その日の高校生たちは大学受験も終わり一息ついてるし、久しぶりの私服姿もあってか表情は柔らかい。でも、おそらく高校生としてみんなでこうやって会えるのはあと数回だけ。彼らの多くは、大学生活のために4月からは福島を離れることも決まっている。心が穏やかでちょっとうれしくて、でもちょっとだけ寂しい大学生による卒業式だ。

日頃はゆうこが東北弁を話すのを聞いたことがないが、福島の高校生と話すときには、ときたま地が出て方言で話すらしい。そこには、東北の言葉で話すからこそ近づける世界があるようだ。レストランでも女子高生たちが、「ゆうこさん、挨拶おかしい～」とはしゃいで彼女に近づいている。

勉強合宿のときからいちばん年上で高校生たちにとっては頼りになるお姉さん。田舎の高校から出てこれから都会生活をやっていけるか不安という高校生たちに、ゆうこは、「大丈夫だよ。

楽しいことがいっぱいあるよ」とそっと励ます。その時、ゆうこもまた、すでに大学生生活を終えて4月からは次の人生のステージに進もうとしていた。社会人として働くという未来である。自分が知らない新しい世界に行くことは、いつもドキドキするし不安なことだ。このとき、ゆうこもまた、福島の高校生たちに一歩を踏み出すための背中を押されていた。

「地方の格差」を考える

高校生たちとそんな取り組みをしながら、自分なりに東北について考え続けていたゆうこだったが、就職する直前の2012年2月、大きなチャンスが訪れた。早稲田大学ボランティアセンターの代表学生としてワシントンDCで行われる大きな国際シンポジウムでその活動を発表する機会が与えられたのだ。

主催はU.S.-Japan Research Institute (USJI) という早稲田大学が中心となる研究機関である。もちろん、それまでに震災にかかわるボランティア活動をしていた大学生はたくさんいた。その中でも、ゆうこは、東北出身の学生として福島の高校生を支援するなかで考え、感じたことがあるはずだ。彼女には当事者の視点があり、そこには日本の大学生が世界に向けて言うべき重要なメッセージがあるという期待の中での選抜である。発表する学生は2名で、一人は東北大学の学生である。ワシントンＤＣの会議では震災の起きた東北の大学生が当事者として活動することがひとつの焦点となった。

ワシントンで、しかも聴衆はほとんどがアメリカ人という舞台。準備に向けてゆうこは私と一緒に、この活動を通じて伝えるべきことは何かをさらに掘り下げて言葉にしていく作業をスタートさせた。彼女の中にある東北の経験に向き合い、これまで漠然と感じてきたことを言葉にしていくという時間である。

その中でいちばん注目したのは、格差の問題だった。メディアでは、震災によって「我慢強い東北」が美化されて報道されていた。そこに彼女の強い違和感があった。それはけして賞賛されるべきことではないという感覚だ。私もまた、そこを深く考えることで彼女にしか言えない独自な視点があると感じていた。

さらには違和感だけでなく、福島の高校生たちから自分が感じた未来への希望もまた彼女が言いたいことだった。こうして、いくつかのポイントを並べながら、論理を組み立てて聴衆の心に響くスピーチを作り上げる。私との対話を積み重ね、何度もメールをやりとりしながら原稿を練り上げていった。

途中、私は「感じていることの掘り下げが足りない。苦しくても借り物の言葉を使わない。

自分の言葉と表現にこだわる」という厳しいコメントもした。それでもゆうこが最後まで粘ってくるのは気持ちが入っているからだろう。原稿を英語にするプロセスでは、文化を超えてアメリカ人にも訴える形で自分の言葉を表現するにはどうしたらよいかという課題にも向き合うことになった。

こうした一カ月ほどの集中した準備を経て、ワシントンＤＣの舞台でゆうこは留学時代に磨いた英語を駆使してスピーチを行った。緊張の中でも満員の聴衆に向けて顔を上げ、胸を張っての堂々とした発表である。

「福島の高校生を支援するボランティアに参加して」

今回の大震災で大きな被害を受けたのは、日本では、「東北」と呼ばれる地域です。私は、そこで生まれ、大学入学までの時期を過ごしました。東北は、日本の北側に位置しており、海と山に囲まれた自然豊かな地域です。冬にはたくさんの雪が降る厳しい自然環境の中、多くの人々が農業や漁業を営み、伝統を重んじながら暮らしてきました。そんな東北の人々は一般的に、真面目で集団の和を大切にする気質があり、自分の気持ちをあまりオープンにしない傾向があると言われています。一方で、東北地方が日本経済に占める比率は数パーセントと低く、日本の中でも昔から経済的に貧しい地域のひとつです。そのため、戦後、多くの人が農閑期に働き口を求めて都市部へ「出稼ぎ」にむかい、多くの町は、地域経済を支えるために原発関連施設を誘致してきました。

そんな東北地方で生まれ育った私にとって、3月11日に起きた地震と原発事故は、自分の故郷が壊される、まさに衝撃的な出来事でした。津波で何もかもが一瞬にして消えてしまった街、聞きなれた東北の方言で、涙をこらえて惨状を語る被災者の人々。変わり果てた東北の景色を前に私が、ボランティアとして被災地に赴くことを決めるのは簡単ではありませんでした。福島の高校生への学習支援という形でボランティア活動に参加したのは、地震からすでに5カ月が過ぎていました。福島もまた、東北の一部であり、経済的な貧しさを背景に東京への電力供給のために原発を誘致した地域です。今回、その原発が爆発事故を起こしました。

そして、私はこのボランティアで、どこに、誰にぶつけていいのか分からない福島の高校生の叫びを聞きました。高濃度の放射能のため自宅が避難区域となり、亡くなった父親の形見すら取りに行けない状況にあること。被曝した福島の人とは結婚するな、というネットの書き込みに怒りを覚え、傷ついていること。地震の時、月曜日にはまたここに集まろうと言っていた学校に、もう二度と戻れないかもしれないこと。福島の高校生は、避難生活で周囲に気を遣い続ける苦労のほかに、放射能差別に傷つき、それまで共にしてきたかけがえのないものを失った悲しみを抱えていたのです。これらはすべて、この原発事故には何の責任もない高校生が体験している「今」です。

それにもかかわらず、マスメディアで繰り返し報道されているのは秩序を守り、我慢強い東北の人々の姿ばかりです。「東北の人々は強い」の一言で、我慢の裏にある東北が抱えた地方のひずみまで切り捨てられているのではないでしょうか。そのひずみとは、私がこれまで感じてきた東北と都市部との格差、不平等感と重なるものです。

秋田に住む私の祖父は80歳を超えた今も米を作り続けています。高度成長期には、収穫の時期を終えると、出稼ぎ労働者として東京の高層ビルの建設に携わり、戦後の日本の発展を支えました。しかし、彼の仕事は、東京の発展のためであり、彼の故郷である東北には何も豊かさが還元されていません。経済的な貧しさは解消されることがなく、人々は絶望感にかられ、東北は、日本でも自殺率が高い地域です。私は、きらびやかな東京の街を歩くたびに、その街のために汗を流した祖父や、一方で過疎化や衰退が止まらない故郷を思い出し、地方と都市部とのギャップに戸惑うことがあります。東京の友達には、東北のことを「現代の暮らしとはかけ離れたこんな場所には絶対住めない」と言われたこともあります。その度に私は、そこで暮らしてきた中で感じたささやかな喜びや楽しみ、苦しみまでもが認められていないことを悔しく思いました。まるで、東京の人には、そこに住む人々がいるということすら忘れ去られているようでした。今回の震災でも、放射能の危険がある福島には東京から救済物資がなかなか行き届かないことがありました。人口や経済という数字で見れば、東北は日本全体のうちのわずかかもしれません。政策は数字の大小で決められ、ますます地域格差は広がるばかりです。しかし、人々の苦しみや悲しみは、数字で計ることのできるものではないはずです。こうした東北のひずみをずっと感じてきたからこそ、ボランティアを通じて聞こえた、今まさにそのひずみの中にいる福島の声を伝える役割が私にはあると考えています。今回の東日本大震災は、けして地震という「自然がもたらした災害」だけでないはずです。こうした「都市と東北との格差と不平等」という日本が抱える私たちの社会の問題をあらわにしたものです。

それでも高校生が抱えていたのは苦しみや悲しみだけではありません。福島の高校生の「がん専門看護師になりたい」という言葉に代表されるように、彼らは差別の苦しみの中で自分だけの夢を描く力を持っています。そして、自分の気持ちをオープンに表現することが苦手な東北の高校生たちが自分の思いを私たち大学生に正直に語ってくれました。それは、厳しい状況の中でこそ、ボランティア活動を通じて築くことができた新しい人間の信頼関係であるように思います。そして、私は、そのこと自体に大きな希望を感じています。離れた場所で暮らす高校生と大学生が、１週間という短い時間の中で築いた関係が今も途切れることなく続いています。それは、このボランティア活動に参加し、これから社会人となる私にとっても、新たな場所で新たな絆を結ぶ生き方の希望でもあるのです。

USJIウィークセミナー　ジャパン　２０１２年３月

シーンと静まり返っていたホテルの会場から大きな拍手が沸く。その拍手は、ゆうこが福島の声を伝えようとしたこと、そして、彼女が自分の感じてきた怒りの感情をまっすぐに表現しようとした努力と勇気に対して贈られたものだ。国境を越えて、今、私たちが聞かなくてはならない声が伝わっていたのだと思う。

スピーチのあとには、その場にいたアメリカの大学関係者やメディアから、「アメリカのメディアの報道では聞こえないフクシマを聞かせてくれてありがとう」というコメントが寄せられた。アメリカでも津波や原発事故の悲惨さが強調され、危機の中でも冷静に行動する日本人が美徳として報じられていた。

もちろん、それは事実のひとつの断面である。

しかし、ワシントンＤＣでのスピーチは、日本の大学生がそれとは違う福島の高校生たちの声を伝えるという役割を果たす機会となった。ゆうこも大役を果たした充実感と評価をもらったうれしさで、ちょっと照れながらの笑顔である。

怒りの感情を表現する

ゆうこにとって福島の高校生との出会いから自分の思いを表現するまでのプロセスは、自分の中の東北に向き合う時間でもあった。原稿準備のときに彼女がつぶやいた「それまでもなんとなく感じていたのですけど、これを機会に書いてみたいです」という言葉が象徴的だ。物言わぬ東北の美徳や我慢することの価値は、いったい、誰が誰のためにつくったものなのか。

震災以来、大きなメディアで流される東北の人々のイメージは、彼女にとっては違和感でしかなかった。彼女は、それとは違う聞こえていない別の声があることを実感として知っているからだ。我慢を美徳としてごまかされたくないという抵抗の気持ち。経済格差をつくりだす見えない力に対する怒りの感情は当事者としての感性である。

こうした自分の気持ちを言葉にしたことは、彼女自身が内面にある怒りや悲しみをまっすぐには表現しない価値観に対抗した自分への挑戦でもあった。福島の高校生たちに出会ったことの意味はそこにもある。私が伝えるという使命感が背中を押すことになったからだ。

ボランティアとして活動したことによって、ゆうこは今、福島で起きていることと自分がどうつながっているのかを感じることができた。自分が東北で生まれ、そこで生活してきた人間であることを確認し、だからこそできることを見つめることになった。

ゆうこが福島の高校生を支援することは、現実に起きていることに気づき、自分は何者かを考え、自分の使命を感じる経験だったとも言える。プロセスのすべてが自らの想像力を問われる作業である。そして、その努力をしたときに自分の心にある怒りや悲しみの感情に気がつき、行動へとつながっていった。

結果として、怒りは、誰かに対してではなく、個人の力ではどうしようもないあり方、つまり社会の構造に向けられる。東北が貧しいのは東北の人たちのせいではない。そこにはもっと大きな力が働いているし、力の不平等がある。ゆうこにとっては、それは家族である祖父の姿であり自分の街のありようだ。政治や経済のもたらす力の不平等は私たちの社会の構造の中に組み込まれている。

信頼関係の可能性

一方で、そうした仕組みが人によってつくられるのだったら、人の力で変えられる可能性も同時にあるはずだ。福島の高校生との間につくった新しい関係性にゆうこはその可能性を見ているのだと思う。彼女は、勉強合宿が終わったあとに、高校生たちに「今、何を信じていいかわからないときに、私たち大学生を信じてくれてありがとう」と伝えていた。彼女にとっては、高校生たちが辛かったり、我慢している本当の気持ちを自分に言ってくれたことがなによりうれしかった。高校生たちが誰かへの信頼の気持ちを持てることに未来を感じたのだと思う。

高校生たちはゆうこの言葉に頷きながら、勉強合宿の最終日に「原発事故や避難生活は本当に辛かったけど、そのおかげでこうして大学生たちに出会うことができた。あの事故がなかったら会えなかった」と言っていた。事故の経験は辛かった経験としてこれからも変わらない記憶でありつづける。

しかし、その意味は自分自身で書き換えることができる。そして、過去の経験の意味は現在の自分が見つけていくものだ。今の自分に誰かへの信頼関係があれば、彼ら自身が自分で新しい意味を見つけることができる。そして、個人が変わるプロセスの積み重ねによって社会のあり方も変わるはずだ。力の関係ではない信頼関係にこそ大きな構造を変える力がきっとある。

スピーチ指導の中で私はゆうこと「復興」という勇ましい言葉には何か違和感と抵抗感があるという話をしたことがある。「復興」という言葉には元の姿にもどすことというニュアンスがあり、それ以前にあった問題が見えなくさせられるからだ。もちろん、「そこで暮らしてきた中で感じているささやかな喜びや楽しみ」を尊重することはとても大切だ。だけどそこには自分たちのせいではない苦しみもあったはずだ。

ゆうこが気づいていたのは、東北と東京の経済格差。東北の人々が東京の発展のために働いてきた歴史的な事実は東北の問題ではない。福島の原発でつくられた電力は東京に送られ、東京の人々を支えていたのだ。双葉高校を卒業して東京の大学に出てきたおばこーが、「東京がすごく明るくてびっくりした。たまに実家に帰ると福島へ帰りながらだんだんと街が暗くなる。でも、そこに原発がある。そのことが僕にはものすごく悲しい」と言っていた。誰かの発展の裏には、誰かの痛みがある。

「頑張れ東北！」というメッセージも、「なぜ、東北の人だけが頑張らなくてはいけないのか」。大学生と一緒にフットサルをした高校生たちがそのロゴの入ったパンツを嫌がった。そのメッセージにため息をつく高校生たちはもう十分に頑張っているし、頑張れなくてもしかたない状況がある。「頑張れ」と応援する前に、声にならない彼らの怒りを想像することのほうがもっと大事なはずだ。おそらく、ゆうこが言いたかったのはそういうことなのだと思う。

翌年、東京の会社で社会人となったゆうこは、チームの活動にもたまに顔を出してくれている。後輩思いのよき先輩だ。私からの「仕事はどう?」という質問には、「バリバリの男社会でとりあえず頑張ってま〜す。今のところやめていませ〜ん」と苦笑い。後輩たちにはいろいろ愚痴も文句も言っているようだ。あいかわらず好きなサッカーや旅行のための時間は器用に確保しているようだけど、今は日々の仕事を頑張るのに精一杯。

そんな彼女だけど、東京の生活で辛くなったときに故郷への思いがちょっと頭をよぎる瞬間もあるはずだ。そして、きっと「また頑張ろう」という気持ちになるだろう。ゆうこには東北の人たちが今、全力で頑張っていることがなによりわかるはずだから。そして、いつの日かまた東北の人たちのために何かをやるのだと思う。

まあや〈被曝問題〉に取り組む

「世界がつながって自分の中に降りてきた」

何ごとにも全力

長崎の出身で高校時代に打ち込んだのはテニス、大学もスポーツ科学部で、1年生のときには体育会テニス部に所属していたまあやは、2年生のときにチームにやってきた。人生の中でテニスと受験勉強しか真剣にしてこなかった自分。このままでいいのだろうか。もっと違うこともできる可能性があると思って飛び込んだのがボランティア活動。

ネットの検索に、「早稲田大学」「ボランティア」と打ち込んだら、「ワボック」が出た、というだけの理由で面接にやってきた。震災ボランティアで数日間の活動経験はあるけれど、何かもっとやってみたい。とりあえず行動力はある。「社会のこととか難しいことはよくわからない」らしい。それでも、挑戦したいという気持ちはすごく伝わった。まずは言われたことを精一杯やるということでチームのメンバーとなった。

そんなまあやは、しばらくはミーティングが大変だった。メンバーが議論していることが抽象的すぎてよくわからない。「まあやはどう思う?」と聞いても、しばらくじーっと黙る。先輩メンバーたちの使う社会構造とか権力とかの言葉。そもそもそれが何なのかうまく想像できない。私が解説をしてもぼーっとしている。

一方で、自分で曲をつくって歌ったり、オリジナリティあふれる絵やイラストも描く。頭で考えるよりも身体で感じる力が強いのだ。そこには独自の感性と世界観があり、豊かな表現力がある。高校生のための「しおり」をつくったときには、とても楽しそうにマンガ『ワンピース』のキャラクターを描いていた。

2011年夏、栃木の合宿でもまあやは全力で高校生と向き合った。「勉強を教える」となると夜中まで寝ないで高校生に英単語の課題を出し続ける。みんなでスピッツを歌えば涙が出るし、一緒に食べるご飯はいつもおかわり。河川敷に並べた花火にはサンダルで走っていって自分で全部火をつける。高校生と一緒に時間を過ごすまあやはとにかく何事にも全力なのだ。

自分を表現するのが得意ではない高校生たちが、そんな感情豊かなまあやの姿にどんどん心を開くようになっていった。

放射能差別に出合う

「福島は、汚くなんかない」

勉強合宿に参加した女子高校生たちが夜の宿舎でまあやに伝えた言葉だ。

河川敷の花火ではしゃぐガリピーとぺいちゃん。ガリピーは陸上部の出身で将来の夢はアスレチックトレーナー。笑顔がさわやかなスポーツ少女で、ぺいちゃんとは大の仲良しだ。二人とも何がそんなに楽しいのかと思うくらいおしゃべりが大好き。休み時間はずっと話しているし、いつも一緒にいる。文字どおり箸が転がってもおかしい女子高生。どうでもいいようなことにいつも笑っている。スイーツは二人とも超山盛りだし、日本中のどこにでもいるような「普通」の女子高生たちだ。

そんな高校生たちにとって、福島は自然がきれいで、おいしいものがたくさんある自慢の場所。彼らは勉強合宿の間、そのことをまあやに一生懸命伝えようとしていた。「すごい田舎だけど……」と断りながら、自分の家の畑のこと、目の前の海のこと、動物たちのこと、そこがどんなに素敵な場所なのかを説明しようとする。

原発事故によってそこに放射能が降りそそいだ。放射能は人が避難しなければならない危険

なものだと教えられた。そして、自分たちも住み慣れた自宅を離れて避難した。

放射能が健康に悪い影響があることは知識としてはわかる。

それでも、たくさんの人たちがそれを理由に自分の生まれ育った故郷を「汚染された場所」として語ることはとても辛い。

メディアも、放射能が人間にとって危険だからそこから逃げるべきだという事実を報道し、福島は怖いとか汚いというイメージをどんどん広げている。そのことが彼女たちにはたまらなく悲しいのだ。

合宿中、そんな高校生たちの話を夜中に聞くまあやは、翌日の朝には目を真っ赤に腫らしてくる。朝から、私に「ぺいちゃんが悲しい思いをしていて……」と言いながら感情がこぼれる。

栃木での勉強合宿も終わりに近づいた最終日、大学生と高校生がみんなで輪になって合宿で楽しかったことや大変だったことを話した。いつもとは違うちょっと真剣な表情でぺいちゃんが話し出す。

「勉強は最初は嫌だったけど、少し頑張ってみたらできるかなって思えました」

「大学生がたくさん自分の話を聞いてくれたことがうれしかったです」

そんな話のあとに彼女たちは、自分たちが受けてきた差別についても話し始めた。大学生たちが震災のことや福島のことを話しているうちに、高校生たちもだんだんと自分の気持ちを話そうとするようになった。大学生たちと一緒に過ごした時間があって、話したいという気持ちになっていたのだ。

ガリピーが訴える。

「福島だと放射能の値が1点なんぼとか0点なんぼとかは、普通だと思っていても、東京とか千葉ほうに行けば0点0なんぼとかでも騒いでいる。ホットスポットだとか言って福島のほうがもっとひどいのに。なんで東京ばかりこんなに騒いでいるんだろう。先輩のお母さんから聞いた話では、千葉に避難したときに車の洗車をしようとしたら、いわきナンバーだから『洗車お断りです』って言われたみたい。すごい悲しくなって、なんで福島って差別されるのかなって。神様はいたずらしかしないのかなって思ったんです」

ぺいちゃんの言葉が続く。

「3月11日に地震が起きて、その後原発のことがあって、私の地域も避難するようになった。だけど、周りを見ても放射線は目に見えるものじゃなくて、普通に鳥の鳴き声もするし、普通にみんなしゃべってて、このまま普通に住めるのに。なんで家を出ていかなきゃいけないんだろうって思った。郡山に避難してみると、県外だったら福島県の洗車とかそういう差別の話も出てたけど、福島県の中でもそういう話があって、私たちの地域のナンバーの車はガソリンを入れられませんって。そういう差別は福島の中からも出ていて。私たちはなりたくて避難してきたわけじゃないのに。自然の力で原発事故が起きて、私たちだってなりたくて被災者になったわけじゃないのに、福島県は汚いって思われてて、全然汚くないのに。そういうことを思われると悲しくて」

ガリピーやぺいちゃんが、ハンカチを握りしめて涙を流しながら必死に話そうとする。ずっと押し殺していた感情があふれ出る。彼女たちは、自分たちが排除されていると感じていた。そして、福島は差別されていると思っていたのだ。その辛さは、自分の日常にあることだけど誰にも言えないまま、ずっと胸に抱えていたのだ。

長崎出身の意味を考え始める

その後、東京に帰ってきてから大学生たちは、大きなテーマとして「放射能差別」の問題に取り組むことになった。大学生たちがそれぞれに「福島は汚くなんかない」という言葉に込められた思いに迫る。高校生たちの心の痛みとはどういうものか。福島の高校生たちの悲しみに対する自分たちの加害性にどう向き合ったらいいのか。東京で福島産のほうれん草を食べないで放射能を避ける生活をする意味とは何か。何時間もかけてチームは議論を重ねていた。勇気を振り絞って話してくれた高校生の声を受け止めたい。そして、その声を広く伝えたいという気持ちがある。しかし、どうしたらいいかがよくわからなかったのだ。誰かに伝えるよりも前に自分たちがどう考えたらいいかがわからない。果たして自分たちは、誰に何を伝えることができるのか。正しい答えのない問いに向き合う時間である。

そんななかで、まあやは福島の高校生たちの差別問題を知ったことで、自分の長崎での経験を振り返ることになった。長崎は戦争で原爆が投下された街だ。長い歴史の中で放射能差別と向き合ってきた場所である。彼女は、大学生の仲間や私と一緒に自分が長崎で生まれ育ったことの意味を考えはじめた。そして、栃木での勉強合宿のあとにひとつの文章を書いた。

「福島の声」が消える前に

「福島は汚くないって世界中の人に伝えたい」

今年8月、福島原発から3・5キロに位置する双葉高校の生徒達に、私たち大学生は学習支援を行った。最終日、ある女子生徒がつぶやいた、この一言に含まれる強烈なメッセージ。科学的な事実として福島原発近辺は放射能数値が高く、安全ではない。彼らもそれを理解している。なぜ、「福島は汚くない」という声を発したのか。この言葉の裏で彼らは何を訴えようとしているのか。私にとって1週間という時間は、彼らの心の声を聞くには十分な時間だった。

3月11日、東日本を襲った未曾有の大災害と原発事故。彼らは、大切な物も、故郷の思い出も、すべてを残したまま今もなお避難生活を続けている。1週間の共同生活を通して、彼らは今まで他人に表現できなかった思いを私たち大学生にぶつけてきた。「福島は汚くない」という言葉で訴えてきたのだ。彼らが今直面している最も重要な問題は、放射能でも、住む場所でもなかった。この言葉の裏にあるものは、私たちの社会の中で見えなくなっている「差別」という問題だ。

震災以降、彼らは多くの「差別」の中で生活してきた。福島ナンバーだからという理由で、給油も洗車も断られた。原発反対の報道や書籍が増えることで、彼らを「被曝者」として見る世間の目はさらに冷たくなった。首都圏をはじめ少なからず多くの日本人が福島原発の恩恵を受けてきたにも関わらず、事故の責任を押し付け合ってきた。そして、脱原発を掲げる世間の動きの中で福島の被曝者が、まるで加害者のごとく苦しいと声に出すことのできない雰囲気が徐々に作られていった。原発を受け入れた土地に暮らし、その土地を愛している。自分の故郷を汚い場所としてみられることが彼らには堪え難かった。だから、「汚染」された場所に住む「被曝者」としての声を殺してきた。

そして、今後彼らに起こりうる、結婚や就職の場面での差別。「差別しないで!」と叫ぶことのできない彼らは、福島そのもののイメージを覆そうとする発言をすることで、差別をしないでほしいと訴えてきたのである。私には、こうした形で、遠回りにしか苦しみを表現できない彼らの思いが痛かった。

高校生のあの言葉を、表面的な意味としてではなくさらに掘り下げて理解しようとすることで、私自身の記憶と経験に重なって見えてきたものがある。長崎県で生まれ、18年間をそこで過ごした私だからこそ思い起こされた、社会の隅でひっそりと生きている被爆者の存在だ。なぜ被爆者は息をひそめて暮らしているのか。昭和20年8月9日。1発の原子爆弾が長崎市民の運命を変えた。多くの者は死に、生き残った者は、生きているからこその苦しみに耐えながら、今年66回目の夏を迎えた。生き残った彼らにかけられる言葉は、辛く厳しいものだった。「被爆者とは結婚させられない」「障害を持った子どもが生まれたらどうしてくれる」「被爆者とは一緒に働くことはできない」。放射能がうつる」。高校の平和学習の一環としてある語り部に出会わなければ、私は被爆者の日常に存在した差別には一生気づくことはなかったかもしれない。原爆についてわかった気になっていた自分をひどく恥ずかしく思う。被爆者の声を聞くことで、見えなくなっていたもの、彼らを本当に苦しめていたものに気づいた。日常の中に原爆に関する学びの場が数多く存在した私は、原爆や放射能の恐ろしさにばかり目を向け、被爆者の声には気づくことができなかったのだ。結婚や就職の場面で、長崎の被爆者は差別を受け、虐げられてきた。本当に気づくべきだったのは原爆のあとを生き抜いた被爆者に対して存在した「差別」であり、それが66年経った今でも社会に根付いている現状である。

戦後半世紀以上の時を経て、日本は今、同じ過ちを繰り返そうとしている。長崎でも、広島でも、被爆した事実ばかりを誇張し、平和を訴える裏にある日本が起こした戦争や、日本のために死んでいった多くの命に思いを馳せることはない。電車通りの平和公園や、街中に建てられた原爆資料館、年1回の平和学習。日本人が学んできたことは、被害者としての一面だけ。長崎原爆をめぐる多くのメッセージは私の日常に入り込み、見なくてはならない現実を見えなくしていた。今、私たちが本当に知らなければいけないのは、社会の片隅で息をひそめ、被爆者であることを隠し、苦しみや痛みに耐えながら生きている被爆者の存在なのだ。

放射能が、「うつる」「汚い」ものとして認識されているために、世間は被曝者を差別し、避けようとする。このイメージを作り上げたのが、66年前の広島と長崎の原爆である。66年間、差別を恐れ、声を上げられなかった被爆者の存在から、私たちは何を学ぶことができるのか。今被曝者は、「差別」というくだらない理由のために社会から締め出され、見えなくされようとしている。世界で唯一の被爆国であるからこそ、負の遺産である原爆を踏み台にして、私たちは変わっていかなければならない。そのために、私は、差別に苦しむ被曝者の声を届けなければならないと思っている。私自身がそうであったように、日本の復興を切に願いながらも、「差別」という問題に気づかずにいる日本国民に対してである。福島県を復興へ導くのは、他でもない福島の人々だ。私たちは彼らを支え、復興の芽を育てる存在でなければならない。今ここで、被曝者が「差別」という問題に足をすくわれ、立ち上がって前に進む勇気を失ってはならないし、私たちがそれを奪ってはならない。求められるのは、被曝という事実を隠すことなく、被曝者が堂々と生きていける社会。復興の歩みを止めないために、「再生」という課題を背負った福島の被曝者と社会の間で、私はその声を届け続ける。長崎という地で生まれ育った第三者という立ち位置にある私は、「差別しないで！」と声に出して叫ぶことができるのだから。

「サバイバルネット・ライフ　ニューズレター　２０１１年10月号」

大学生たちは「差別はいけない」という正しいことを言うことはできる。しかし、それに何か違和感がある。その違和感を突き詰めて考えることは簡単ではない。「放射線が身体に悪いのは科学的な事実。自分の健康を守りたいから福島の野菜を買わない。自分を守ろうとすることはだめなことじゃないし、それは自然なことだ」という論理を立ててみるけれど、やっぱり何か言葉にならない罪悪感も残る。

ぺいちゃんの「福島は汚くない」という言葉には、彼女が伝えたい意味がある。彼女は放射能について科学的な知識を持っているし、放射能汚染も理解している。その事実がわかっていても、彼女は「汚染」という報道によって、福島の価値がおとしめられていると感じているのだ。自分にとっては、たとえ危険なものである放射能があっても自分が生きてきた福島の価値は変わらない。だからこそ悔しいし、悲しいのだけれど、その気持ちをうまく言葉にできない。ぺいちゃんにとってはそうした抵抗する自分を伝える表現が「汚くない」という言葉なのだ。そここにこそ表現できない高校生の「聞こえない声」がある。

こうした高校生の言葉を読み解く努力をしながら、まあやは、自分がその問題をどこに立って考えてみるのかという問いに取り組んだ。彼女は、幼いときから学校の平和学習で長崎の被爆者である語り部の話を聞いてきた自分として、福島の高校生の声に応えようとしたのである。

そして、彼女が気づいたのは長崎にも「聞こえていない声」が同じようにあるという現実。当事者の声を聞こうとしないことが差別につながる事実だった。たとえ自分の加害性を突きつけられたとしても知ろうとしないことが当事者を追い詰める。無意識であることが当事者の声を封じるからだ。

まあやは、自分が長崎の学校で平和学習を受けていたときには、涙を流して原爆の恐怖を語る語り部の涙の意味がよくわからなかった。平和学習で教えられたのは、こんなに恐ろしい原爆はなくそうというメッセージ。被爆の悲惨さを語る語り部たちの背負ってきた社会的な差別や排除の現実に、目を向けようとしていなかった自分がいる。

まあやは福島の高校生たちの声を聞いたことで、もう一度、そうした長崎の語り部たちの言葉の意味を振り返った。そして、長崎の被爆者の歴史は当事者の声が奪われる歴史でもあったことに気づいた。まあやにとっては福島からの声が長崎での経験を考えることにつながり、それが福島の高校生の声が意味するものに迫ったのである。「私自身がそうであったように」という言葉が伝えるように、そこにこそ彼女の当事者性がある。

福島への差別が私の問題になった彼女が行き着いたのは、何が正しいかではなく、被曝者が自分自身の声を封じなくてよいことの大切さだった。自分がやるべきは、その声を奪わないこと。こうして考えてきたプロセスは、まあやが福島の声を聞くための最初のステップとなった。

「平和学習」を問いなおす

こうして最初の年に放射能差別の問題に取り組んだまあやは、3年生になった翌年も引き続いて被曝問題を考え続けていた。前年度の勉強合宿での経験やその後の活動をもとに、自分が福島の高校生のためにできることや彼らに伝えたいことを模索していたのである。

そんな思いを抱えながら、チームとして翌年に計画した具体的な行動が夏の勉強合宿での平和学習だった。8月6日と8月9日は広島と長崎に原爆が投下された日だ。その時期に少しの時間をとって平和について大学生と高校生が一緒に考える時間を持つというアイディアだ。もちろん勉強合宿なのだから勉強するのが一番大事な目的だ。原発事故の当事者である高校生にとっては被曝問題がとてもデリケートであることも十分にわかっていた。ただでさえ原発事故で今も厳しい環境で生活しながら、必死で毎日を送っている福島の高校生たち。彼らにとって原爆の話は重すぎるし、原発問題とつながるならば心への負担がかかりすぎるという懸念もあった。

しかし、そういう高校生にだからこそ伝えたいと思ったのである。テーマは、忘れないことの大切さ。長崎で平和教育を受け、語り部たちについて長い間考え続けてきたまあやがその経験を語る。そのことがきっと今、福島で生きる高校生たちを応援する時間となるという判断だった。

今年はそのことに取り組むことを決めたあとは、内容を練り込む。「聞き手である高校生がどう感じるか」についてできる限りの想像力を使い、自分が伝える内容を決めていった。まあやも、もう一度原爆に関する本を読んだり、私と一緒にヒバクシャ写真展に出かけたりもした。これまでの体験を言葉にすることで語り部を思い出したり、高校生たちの今の辛い気持ちに寄り添う。彼女にとってはかなりきつい時間となっていた。それでも私は「自分が長崎で育ったことに一度はきちんと向き合うことに意味がある」と言い続けていた。

平和学習の当日まで何度もまあやとの対話を重ねていた。「タブーに挑戦する」と決めたのだから、私もその結果を引き受ける覚悟を決めていた。そして、２０１２年の8月、岩手での勉強合宿も後半の8月6日の夕方。１時間の時間を使って、大学生たちは福島の高校生たちと平和学習を実施した。
立ち上がったまあやが高校生に話しかける。

「8月6日と8月9日を考える」

みんな、8月6日と8月9日が何の日かわかりますか。8月6日は広島に原爆が落ちた日。8月9日は長崎に原爆が落ちた日です。時刻は11時2分。戦争が終わったのが8月15日。日本は戦争に負けました。それから今年で67年目になります。今日はそのことについて、私の経験を話してみたいと思います。

私は大学1年生で東京に出てくるまで、18年間長崎に住んでいました。長崎では、8月9日は夏休みですが、毎年、小・中・高と12年間必ず学校が登校日でした。生徒たちは全員、絶対学校に行かなくてはなりません。8月9日に学校に行って何をやるのかというと、わかりやすく言うと平和学習です。原爆が落とされた長崎という地から、もうこれから戦争をしないために、戦争の悲惨さを忘れないために、長崎から活動していきましょうという取り組みが毎年8月9日にされてきました。11時2分に全員で犠牲者に黙祷を捧げる日でもあります。私にとってはものすごく大切な日が8月9日です。

まず最初に、私が19歳のときにはじめて長崎以外で過ごした東京での8月9日について話したいと思います。その日、私はテニス部員としてテニスコートにいましたが、11時2分になっても部員のだれもが練習をやめる気配がありませんでした。みんな、いつまで練習を続けるのかなと思っていたんですけど、結局、初めて東京で過ごした8月9日というのは、誰も何も気にとめることなく、誰も黙祷をしないという日でした。そして、私もその流れのまま黙祷ができずに11時2分を迎えて、ものすごくもやもやした気持ちのまま1分間が終わり、そのまま時間が過ぎていったという苦い思い出があります。

そのとき私が感じたのは、8月9日の11時2分に起きたあの原爆という悲惨な事実をどうして誰も何も思い出したりしないで、何事もなかったかのように8月9日11時2分を過ごせるんだろうという思いです。そのことにものすごく腹が立ちました。テニス部員に対してです。でも、そのとき私はきっとこれはテニス部員だけだろうと信じたかったのです。でも、実はテニス部員だけじゃなかった。東京という場所にいてものすごく感じたのは、東京で何もない日―何もない日はないんだけれども、いつもと同じように8月9日というのが過ぎ去っていくということをやっぱりどうしても実感してしまったことです。私は、東京の人たちが8月9日に長崎に原爆が落ちて、原爆が落ちたことで20万以上の人が一瞬にして命を失ってしまったということを知らないということに対してものすごく腹が立ちました。「何でこんなことを知らないの。知っているのは当たり前でしょう」と思っていたから、その知らないということに対してものすごく腹が立って、怒りを感じていた大学1年生の8月9日でした。

一方で、8月9日に長崎で毎年学校で何をやるかというと、小学校とか、中学校、高校に「語り部」という人たちが来ます。その人たちは、原爆が落とされたときに長崎にいて、実際に被爆をした人たちです。その人たちが学校に出向いて行って、そのときの自分が受けた被害とか、それから自分がどういう暮らしをしてきたということを生徒たちに語ります。私は、8月9日のそのときのことを思い出すと、必ず語り部の涙を流す顔が出てきます。そして、彼らの報われない、きっとこれから先もいいようには変わっていかないだろうという、そういう語り部の顔を思い出すと、とても胸が苦しくて涙が出ます。

忘れられるということは、きっとこの出来事だけじゃないと思います。いろんなことが長い時間をかけて忘れられていくということが世の中にはたくさんあると思います。私は、長崎という場所で平和教育を受けていて、東京に出てきて「長崎の原爆のことは忘れられている」ということを感じました。そして、そんな私が、今、望むもの。それは同じように長い時間をかけて、みんなにとってすごく大事な3月11日が何年経っても、何十年経っても日本人の心から忘れられないでいるということです。

黙祷の1分間というのは、亡くなった人とか、被爆した人に対して思いを馳せる時間です。それぞれが何を考えていてもいいけれども、その事実に対して思いを馳せるということは決して無駄じゃないと思います。私が長崎という場所で平和教育を受けたことによって、東京に来てすごく温度差を感じたということがあります。だからこそ、私は、3月11日の東日本大震災で亡くなった人とか、みんなのようにすごく苦しい思いをして、すごく辛い思いをして生きている人のことを1分間だけでも思いを馳せるということがすごく大切だと思っています。私はきっと8月9日も3月11日も、死ぬまで毎年必ず黙祷をしたいなと思っています。それが忘れないことだとか、風化させないことだと思っています。みんなの心からなくならないことの大切さということが、私の中で原爆の問題と3月11日の問題とすごくつながっているのです。だから、私は、今日その話をしました。

それから、もうひとつ言いたいことがあります。私は、長崎にいても原爆の問題を今まではずっと60数年前に起きたどこか遠いところのことで、自分の話だと思っていませんでした。でも、大学に入って、東京にきてこの問題が自分とどういうふうにつながっているのかなということを考え出しました。どこか遠い世界のような話を自分の話として考えることはものすごく辛いことだし、いろんなことが見えてくるから、たくさん傷ついてしまうと思います。

例えば、長崎の原爆で多くの人が亡くなったけど、日本は戦争で加害者として多くの人を殺したことも事実です。長崎にいた高校生のときにそのことを深く知ろうとしなかった自分もいました。そして、自分が知らなくて見えていなかったことが誰かを苦しめていたことも知りました。私が原爆問題を自分のこととして考えたときは、こうしていろんなものが見えてきたぶん、すごく辛い思いもしたし、傷つきました。「語り部たち」の姿を思い出しながら、どうやって考えたらよいかわからなくなったりもしました。

これから、みんながいろんな問題を自分のこととして考えようとするときに、きっとそういうときは必ず来ると思います。何か大きな問題、小さな問題でもいいんだけど、それをいつか、今じゃなくてもいいんだけど、いつか自分の問題として考えようとするときがあると思います。そのときに、私が原爆の問題を自分の問題として考えようとしたときに、私がどういうふうに感じて、どういうことをこれからやっていきたいと思ったかということを思い出してくれたらと思っています。

今日は私の話を聞いてくれてありがとう。

「8月6日と8月9日を考える」2012年8月6日　平和学習

一言一言、慎重に言葉を選びながら、ゆっくりと高校生たちに話しかけるまあやの語りには、聞いている人の心に深く届く力がある。途中で何度か上を向き、こみ上げる感情と涙を抑える。それも含めて彼女の言葉からは「私には福島の高校生に伝えたいことがある」という強い意思が伝わっている。高校生たちはその姿を食い入るように見つめていた。

話を聞き終えた高校生たちが自分の思いを話し出す。

昨年から勉強合宿に参加しているおのる。彼女は、自分の感じていることを積極的に人に話すタイプではない。はにかみがちな恥ずかしがり屋の彼女が自分の感じたことを言葉にする。

「まあやさんが一生懸命に私たちに話してくれたことがうれしかった。でも、長崎の人たちのように福島の自分たちのこともまた忘れられていくことは本当に悲しい」

バレー部で明るく、女子高生たちの間ではリーダー格のりさ。話を聞きながら途中からすでに涙が止まらない。それでもなんとか自分の思うことを言葉にしようとする。

「60数年前に長崎で起きたことを全然知らなかった自分が情けないし、悔しい。そんなに辛い思いをした人がたくさんいたんだって。自分もそのことをこれからも忘れてはいけないと思う」

いつも、ひょうきんなことを言ってみんなを笑わせている人気者のはなちゃんも感情があふれている。

「自分は中越地震が起きたときに学校休みでラッキーと思った。苦しい思いをしている人がたくさんいるのにそのことを考えなかった。自分にこんなことが起きるまで想像しようともしなかった。そのことが苦しい」

高校生たちがそれぞれに一生懸命に自分が思ったことや感じたことを話そうとする。胸に湧き上がってくる自分の感情を見つめようとする。それは、まあやが誠実に自分のことを伝えようとしてくれたことに応えたいからだ。高校生たちのそうした言葉は、普段は心の奥にしまってある、きっと誰かの言葉が響いたときにだけ見せる部分なのだ。

原発事故を経験した彼らは真剣に生きることを考えている。そして、自分以外の誰かの苦しみに寄り添おうとしている。長い時間をかけて準備をした平和学習の時間はそのことを知る時間となった。

他者の「痛み」

まあやは、「1分間の黙祷は思いを馳せる時間」と言っていた。福島の高校生との出会いは、大学生たちにとって痛みに思いを馳せる経験となった。福島の高校生たちが抱えていた放射能差別の苦しみ、広島や長崎の語り部たち、聞こえていない多くのヒバクシャの声。想像力でしか迫れない痛みであるけれど、それを想像し、感じるのはとても苦しい作業となった。

しかし、私は大学生がそうした痛みを感じる力に対して可能性を感じていたし、その時間を一緒に大切にしたいと思っていた。何をどう感じるか、感じ方はそれぞれに違う。それでも誰かの痛みに思いを馳せることは、どういう形であれ自分に向き合うことでもある。そのことをどう感じる自分がいるかを見つめるからだ。誰かの痛みは自分の痛みでもある。痛みに向き合うには、自分を見つめる強さが必要だ。

ぺいちゃんの「私たちはなりたくて被災者になったわけじゃないのに」の言葉にも込められる、なぜ、こういう出来事が起こるのが自分なのかという問い。その問いにはおそらく答えなどない。ガリピーは、それは「神様のいたずら」と言っていたけど、なにか答えを出そうとすることが大事なのではないはずだ。そのどうしようもなさに自分が向き合えて、その気持ちを聞いてもらうプロセスに意味がある。本当に感じることを誰かに受け止められる経験をしたらきっとまた話そうと思えるはずだ。何度も話すことで、自分の今を受け入れ、次への一歩が踏み出せるかもしれない。

まあやのメッセージが伝えたのは、誰かが自分の声を聞いているということ。誰かが自分の痛みに思いを馳せているということ。それを感じることで自分を見つめる勇気を持てる人がいる。だから、私たちには忘れてはいけないことがある。

不器用だからこそ見つけられるもの

2012年8月9日11時2分、まあやがバスの時計を見ながらみんなへ声をかける。岩手から福島へ帰る東北道のバスの中で、福島の高校生たちと東京の大学生たちが一緒に長崎の被爆者に1分間の黙祷をした。67年前に失われた命と今も放射能の影響を受けながら生き続ける人々へ思いを馳せる時間である。

その後、東京へ帰ってきてから、まあやは私に平和学習のときの自分を話してくれた。「高校生たちの前でこれをやり切らないといけないというプレッシャーで胃が痛かったし、手には脂汗が出続けていた」らしい。でも、「自分は話しても大丈夫だ」と思えていたのだという。いつも全力のまあやだけど、今回も本当に頑張ったのだ。

だからこそ、ひとつステップをのぼった自分がいる。彼女の言葉で言えば「世界がつながって自分の中に降りてきた」経験だ。おそらく彼女の中で福島と長崎、そして自分が歴史の中で位置づけられ、そこにある意味を見つけたのだと思う。まあやのやり方は不器用でまっすぐだから、よく間違ったり、ぶつかったり、疲れてしまうこともある。これからもおそらくそうなのだけど、それでいい。だからこそ見つけられるものがあるからだ。

エピローグ

支えられたから支えたい

雪が降りそうなくらい寒さが厳しい２０１２年の年末。東京都内のとある研修センターの一室では双葉高校の卒業生５名とワボックの大学生４名が、その年の勉強合宿に参加した双葉高校の生徒たちに向けて冊子を作る作業をしていた。

２０１１年の夏にはじめて栃木で勉強合宿に参加した双葉高校の高校生たち。彼らはすでに大学生となって自分の道を進んでいた。ぺいちゃんは埼玉の大学で看護師になるための勉強中。もうすぐ病院実習も始まるらしい。ガリピーは新潟の大学で理学療法士になるためのコースに在籍。毎日の授業の数がたくさんで朝起きるのが大変だと言う。ぬらりは神奈川の大学で医療技術関係の専門職になるために頑張っている。こちらも実習とバイトの両立で、毎日夜遅くまで忙しいようだ。

そんな彼らは福島で高校を卒業したあともワボックの大学生たちとつながりを持ち続けていた。たまには一緒にご飯を食べたり、機会を見つけて早稲田大学に顔を見せたりする。そして、そのつながりは、2012年の冬に、ひとつの活動として形となった。双葉高校の卒業生とワボックの大学生による「現役の双葉高校の高校生たちに向けた活動」だ。

活動の内容は、福島で頑張る一人ひとりの高校生に向けて手作りの冊子を作る作業。一人ひとりの似顔絵だったり、「私もあなたのことを応援しているからね」というメッセージだ。ワボックの大学生たちに支えられて、大学生になった双葉高校の卒業生たちが、こんどは福島の後輩たちのために自分が何かをやる。辛かったけど、あのとき頑張った自分を思い出しながら、「勉強も、もうちょっとだけ頑張れ」という言葉を後輩に記す。一冊一冊、心を込めて色とりどりにページを埋めていく。

「この子、サテライト校で顔見たことあるかも」

「どんな人かわからないとメッセージ書きづらい……」

「その子はね、図書館司書になりたいんだよ」

お茶やオレンジジュースを飲みながら、久しぶりに会ったワボックの大学生たちとそんな会話が弾んでいる。大学生たちは、卒業生たちにその年の夏の合宿に参加した高校生たちの様子を伝えようとしていた。話を聞いた卒業生たちは、「4つにわかれたサテライト校もけっこう大変だったけど、3つの高校が一緒の仮設校舎で夜も寮での生活か。確かにそれはきついよなあ」と後輩たちの今へ思いを馳せている。

活動の合間に夕方には全員でまたサッカーをした。

「なに、ぼーっとしてんのよ。ちゃんと走って」

「もう、そんな走れねえよ。ずっと運動してないし」

寒さでかじかむ手をさすりながら、男子たちが久しぶりの全力疾走でちょっと痛む足を引きずっている。すでに息が切れているぺいちゃんは一応ジャージを着ているが、もっぱらゴール前で応援を担当だ。

双葉高校の卒業生たちにとっては福島を離れてから久しぶりに会った同級生たちと東京でお泊り。そばにはこれまで支えてくれたワボックの大学生たちもいる。なんだか心が弾んで夕食後のお菓子も止まらない。みんなで一緒に入るお風呂でもやはりはしゃぐ。スウェット姿になった部屋でも自然に笑顔がこぼれる。

「晩ご飯おいしかったね。デザートもあったし。明日の朝は何がでるかなあ」

「なんか、食べることばっかり考えてるね」

ベッドの上でゴロゴロする。普通のことを信頼できる人と安心しながらする。今は、その時間がとてもうれしい。

「今」を見つめる

そんな楽しい時間を過ごしながらも卒業生たちは、夜には少しだけ真剣に自分たちの話もする。震災と原発事故から少し時間が経って生活も落ち着いてきた。そんな中で自分が福島で高校生だったときには意識しなかった自分なりの気持ちや思うことがある。

大学生活が充実していて毎日が忙しい。けれど、ふとしたときに頭をよぎる福島の今と自分。今が楽しい自分に、よく説明のつかない罪悪感を感じる瞬間もある。日常の中で改まって話すことはあまりないけれど3月11日の記憶もまだまだ生々しい。夜にうなされることもある。大学で新しくできた友達に福島県双葉地区の出身だと言うのを一瞬ためらう自分もいる。

彼らは原発事故のときにはほとんど何も情報がなかったし、自分に何か起きているのかもわからなかった。

部屋のベッドに入って眠る前のひと時。「原発事故について本当に起きたことを知りたい?」という私の問いかけに、ガリピーがちょっと考えながら答えてくれた。

「真実は真実としてちゃんと知りたい。自分に何が起きたのか。これから何が起きる可能性があるかも知りたい。隠されていた事実もきっとたくさんあるはずだから」

ぺいちゃんは、そのガリピーの言葉を受け止めつつ、「でも、知ったからといって今さら何もできないし。知れば自分のことが心配になるだけ。将来起きるものは起きるし起きないものは起きない。そんなことは誰にもわからない。だから、私は別に知らなくてもいい」と言う。

二人の言葉にこれまで彼らに寄り添ってきた大学生のままあやがじっと耳を傾けている。

あたり前のことではあるが、福島の原発事故を経験した当事者の思いは一枚岩ではない。悲しみも怒りも喜びも一人ひとりにそれぞれの思いがある。自分たちに起きた事実をどう感じるかもこれからどうしたいのかも違う。もちろん、不安も迷いもある。だからといってこうしたらいいという正解もない。それぞれの場所で日常が過ぎていくなか、彼らに刻まれている経験の意味は少しずつ変わっていく。

「心から楽しいと感じる時間を大切にできるといいね」

そんな言葉をかけあいながら、双葉高校の卒業生たちとワボックの大学生たちが一緒の部屋で眠る。

2012年の活動も終了だ。

物語はこれで終わりではない

福島の高校生とワボックの大学生たちの物語は、これで終わりではない。厳しい生活が続く高校生を支える活動は現在進行形だ。このあとも物語の続きがある。

そして、ワボックでは今もボランティアをする大学生たちが福島の高校生たちのためにできることを模索している。日々、今後の活動の計画について話し合いが続いている。卒業でチームのメンバーは入れ替わっても、ワボックで彼らがやり続けることは、誰かのために何ができるかを考え、行動することだ。

これまでボランティアを通じてワボックの大学生は社会の現実と対峙してきた。福島の高校生たちの声から、原発事故によって奪われたものや痛みを感じてきた。同時にそこで人間が生き抜く力も知った。それは大学生が自分自身に出会う経験である。高校生との関わりの中で、自分はなぜそう感じるのか、なぜそう思うのかを突き詰める作業は、自分の生きる価値観を見つめる機会だ。そこから経験したことを意味づけ、自分の言葉で表現することは、私は何者か、私はこの社会でいかに生きるのか、という問いとつながっている。福島の高校生と出会ったワボックの大学生たちは、力を尽くしてこうした問いと向き合ってきた。私はその作業に併走してきたし、彼らは時間をかけて自分との対話を重ねてきた。自分がどう生きたいかの答えは自分の内にしかないからだ。

そこには正しい答えなどない。これからも問い続けるだけだ。その先に答えがなくてもわからなくてもいい。高校生を支える中で考え続けた大学生が見出したのは、自分も起きていることの当事者であるという実感だ。歴史という時間軸の中で自分を位置づけたり、物事の普遍性や関連性を見つけること。そうした営みを通じて自分と世界とはつながっていると感じることができる。大学生がボランティアを通じて自分に向き合い、表現することで得られたひとつの意味はそこにある。

今、多くの若者たちが社会のためになることをしたいと感じたり、誰かのためになりたいと思っている。原発に象徴される右肩上がりの経済成長を目指すだけではない生き方を探している。一方で、不安定な社会の現実を前に、どう生きたらいいかに迷い、不安を抱えている。将来が見えなくて、心が不安なときには模範解答がほしくなる。誰かに答えを教えてもらいたくなる。だからこそ、私は正解のない自分への問いに挑み続けた大学生の物語を描いてきた。それは生きるための道標を見つけるプロセスであり、不確かで不安な時代だからこそ、自分の力で考える大切さを伝えたかった。

そして、新しい時代に自分の生きる価値観を見つけようと精一杯にもがく等身大の若者の姿を「大人」にも届けたかった。これまで大人がつくってきた社会の中に、今を生きる若者たちがいる。そこに世代を超えた理解と対話が生まれることが、私たちの未来に向けた協働作業の可能性だと思うからだ。

震災から原発事故を経た福島の抱える傷はあまりに大きい。私は、この先も長い時間にわたって続いていくその痛みに対してできることの微力さには謙虚でありたい。今も日々、精一杯で生き抜いている人へ、強さや希望という言葉を使う虚しさへの想像力も持ちたいと思う。

その一方で、福島の痛みに正面から対峙しようとした若者たちがいる。彼らが取り組んだことはとても小さい。その成果は何か数字など見える形で示せるものではない。それでも彼らがたどった足跡は、現実の中で悩みながら進もうとする若者たちへのひとつの道標になるはずだ。そして、私は高校生と大学生のこの物語が、福島で生きる人たちや福島に寄り添おうとする多くの人にとって、未来を描くささやかな力となることを願いたいと思う。

あとがき

東日本大震災と原発事故を経て私たちはどう生きるべきなのでしょうか。そして、日本はどこに向かっていくのでしょうか。私たち一人ひとりが未来に向けた生きる道標を必要としているのだと思います。福島の原発事故によって避難生活を体験した高校生。彼らを支えようとした大学生。彼らは、迷いながらもそれぞれ誠実に自分の道標を見つけようとしていました。自分たちが進む未来への努力です。

その姿は、私自身が大人としてその問いにどう向き合うのかを問うものでもありました。福島には今、放射能による影響で立ち入りを禁止された地域があります。私は、そこにある「避難区域」と書かれた「道標」の意味を考え続けたいと感じています。そこには何万人もの帰ることのできない人がいます。いつ帰ることができるかもわかりません。その事実は、私がこの社会の一員として存在を許してきたものです。手探りではあるけれども、これからも日々、大学生と活動し、彼らの学びを支えることを通じて、私がこの社会で進むべき道標を探したいと思っています。

この物語は、双葉高校の島先生が早稲田大学の総長宛てに返信ハガキを送ったことから始まりました。人と人とが出会う縁が持つ不思議さと、そこから導かれる力の大きさを感じています。この本を書くにあたって、なにより島先生に感謝の気持ちでいっぱいです。私たちや大学生を信頼し、これまで活動を支えていただきました。島先生の、ユーモアを忘れず高校生たちに寄り添う姿勢から、私たちも多くを学んでいます。そして、私たちを受け入れてくださっている校長先生や教頭先生をはじめとした双葉高校の関係者のみなさまへも改めて感謝いたします。

大学生が栃木や岩手で活動するにあたって、たくさんの支援を受けることができました。「大学生のボランティア活動を支える」という意志をもって震災支援への活動資金を提供いただいたWASEDAサポーターズ倶楽部。震災後の混乱の中、1週間の宿泊場を用意してくださったNPO「ライフ」の仲村久代さん。勉強場所を無料で貸していただき高校生や大学生に細やかな配慮をしてくださった白鷗大学の方々。こうした支援を受けることで私たちは活動を行うことができました。深く感謝いたします。株式会社ベネッセコーポレーション（センター試験対策パック教材、ほか）、株式会社明月堂（博多通りもん）、株式会社ひよ子（名菓ひよ子、ほか）、株式会社若松屋（花火詰め合わせ）、ゼビオ株式会社（スポーツウェア、ほか）、株式会社喜作園（お茶のボトル）からは激励をいただきました。心から感謝いたします。

私の活動を日々支えてくださるワボックのスタッフたちにもお礼を申し上げたいと思います。特に外川事務長には、最初に島先生に会いに一緒に郡山まで行ったときからずっとご支援いただいています。また、紙屋所長、ワボックの職員や学生スタッフ、同僚の教員たちも活動を応援するだけでなく、私が「本を書く」と言ったときからあたたかく励まし続けてくださいました。厳しいコメントを含め、意見や感想もたくさんもらいました。ありがとうございました。

本づくりに併走いただいた晶文社の3名にお礼を申し上げます。最初の原稿を読んで出版の機会を作ってくださった山本安寿紗さん。鎌谷善枝さんには編集を担当していただき細部にわたってコメントをいただきました。そして、丁寧に何度も原稿の校正をしていただいた木下修さん。タイトルやデザインまでプロフェッショナルな共同作業となったことをうれしく思っています。多くのお力添えで思いを形にすることができました。心から感謝いたします。

最後に、「本にするなら自分のことを書いてくれていいです」と承諾してくれた双葉高校の高校生たちと卒業生たちにありがとうと伝えたいです。無事に本になりました。みんながいつか立ち止まったときに思い出す本であることを願っています。そして、日々の活動に加えて私の本づくりに協力してくれたワボックで活動する大学生たちへ。いろいろ無理を言ってごめんなさい。まあやが週末に私の隣で描いてくれたイラストはとても素敵です。この場を借りて、いつもはみんなへあまり言わないことを言います。どうもありがとう。

２０１３年４月　新入生たちを迎えながら

兵藤　智佳

兵藤智佳（ひょうどう　ちか）
早稲田大学平山郁夫記念ボランティアセンター准教授。
東京大学大学院教育学研究科博士課程満期退学。専門は、ジェンダー、保健医療、人権。ミシガン大学客員研究員、タイ国連人口基金国際フェローなどを経て、現職。現在、早稲田大学で「ボランティア論」、「グローバルヘルス」などの講義を担当。2006 年からボランティアセンターで大学生による自主プロジェクトを主催。社会の中で弱い立場に置かれるマイノリティ支援をしながら「どう一人ひとりが当事者として課題に向き合えるのか」に取り組んでいる。
共著：『世界をちょっとでもよくしたい』（早稲田大学出版部 2010 年）、『DVはいま　協働による個人と環境の支援』高畠克子編（ミネルヴァ書房 2013 年）、論文：「『言葉を紡ぎ、意味を見つける力』を育てる学生支援」（大学教育学会誌　第 34 巻第 1 号 2012 年 5 月）ほか。

僕《ぼく》たちが見《み》つけた道標《みちしるべ》
——福島の高校生とボランティア大学生の物語

二〇一三年　七月一〇日　初版
二〇一四年一一月一〇日　三版

著者　兵藤智佳
発行者　株式会社晶文社
東京都千代田区神田神保町一—一一
電話（〇三）三五一八・四九四〇（代表）・四九四二（編集）
URL　http://www.shobunsha.co.jp
印刷　株式会社ダイトー
製本　株式会社宮田製本所

ISBN978-4-7949-6906-4